나는 기독교사입니다

# 나는
# 기독교사입니다

세상의 빛과 소금으로 살아가는
모든 기독교사에게

최관하 지음

징검다리

# 차례

## PART 2. 믿음의 씨앗을 심는 교사 사명자 /121

# 프롤로그

교직 30여 년 간 다양한 제자를 보아 왔습니다.

핀으로 모든 것을 따는 아이, 폭탄을 만들고 다니는 아이, 하루 평균 14시간 게임하는 아이, 귀신 들린 아이, 자폐증이 있는 아이, 위암 말기인 아이, 학업 때문에 자살을 시도한 아이, 가정 폭력을 당한 아이 등, 이런 제자들을 만날 때마다 울며 기도하고 하나님의 인도하심을 구했습니다. 그 기도에 하나님께서는 대부분의 아이를 회복시켜 주셨지만, 계속해서 성장통을 경험하는 아이들도 있었습니다.

학교에 부적응한 아이들이 모인 학급을 담임한 적이 있습니다. 아이들은 크고 작은 문제를 연속해서 일으켰습니다. 학교에서 가르치는 교과 과목에 특별한 관심이 없는 아이들, 대학 진학에 큰 뜻이 없는 아이들, 여러 사정에 의해 대학보다는 취업이 우선인 아이들이었습니다.

아이들을 위해 기도하며 최선을 다한 일 년이 끝나갈 무렵, 놀라운 일이 벌어졌습니다. 어떤 아이는 자격증을 무려 네 개를 땄고, 또 어떤 아이들은 전문대학에 합격했습니다. 그리고 한 아이는 내신 7등급이었는데 서울의 4년제 대학에 입학사정관제로 합격했습니다. 그것도 장학생으로 말입니다.

아이들의 눈빛이 바뀌었고, 학급은 기도하는 공동체가 되었습니다. 그리고 참 감사한 것은 소망이 없던 아이들이 예수님을 믿으며 자신의 비전과 꿈을 발견하게 되었다는 것입니다.

이 땅의 교사가 다음 세대 아이들을 만날 때 가장 중요한 것은 무엇일까요? 그것은 끝까지 포기하지 않는 사랑과 열정이라고 생각합니다. 현재의 아이들을 우리 눈으로 보면 소망이 없는 것 같지만, 미래의 모습을 볼 수 있는 영적인 눈이 교사에게는 열려 있어야 합니다.

우리 아이들의 성장기는 흔들리는 때입니다. 자신의 모습을 잘 알지 못하는 때이며, 동시에 자기의 정체성을 찾아가는 때입니다. 그렇기 때문에 항상 포기하지 않는 사랑으로 아이들에게 사랑의 수고를 다해야 합니다. 교사가 아이들과 함께 있어 주고, 인내와 소망으로 격려하고 기도하며 끝까지 포기하지 않는다면, 하나님께서는 결국 아이들을 선한 길로 인도해 주실 것입니다.

이 책을 통해, 평생을 교직에 몸담은 교사로서 고민과 생각, 경험 등을 여러 교사와 나누고 싶습니다. 특히 이 시대 '기독교사'로 불러 주신 하나님의 마음을 나누며, 다음 세대를 위해 애쓰고 수고하시는 선생님들을 격려하고 싶습니다. 어렵고 힘든 길이지만 참 잘하고 있다고 격려하고 싶습니다.

부족한 저를 위해 항상 기도하는 가족, 사랑하는 아내 오은영과 두 딸 다솜이, 다빈이와 책 출간의 기쁨을 나누고 싶습니다. 또한 지금도 최선을 다해 기도하며 교육 현장에서 수고를 다하는 이 땅의 기독교사들과 사랑하는 다음 세대 제자들과 함께 책 출간의 감사와 기쁨을 나누고자 합니다. 하나님의 마음을 품고 예쁘게 책을 출간해 주신 '징검다리' 가족들에게도 감사드립니다. 무엇보다 부족한 자를 들어 사용하시는 하나님께 모든 영광 올려드립니다.

(* 내용에 따라 가명을 사용했음을 밝혀 둡니다.)

울보선생 최관하

# Part 1
## 유별난 아이들, 행복한 교사

· · · · · · · · · · ·

"선생님, 저는 꼭 졸업할 겁니다. 안 빠질 겁니다. 이제."

이렇게 말하고 나서 연거푸 사흘을 결석한 현이. 사실 현이뿐만 아니라 아이들이 대체로 비슷하기에 사실 솔직히 말하면 나는 아이들을 믿지 않는다. 아이들은 순간순간 변화무쌍하기 때문이다. 십대는 더욱 그렇다.

그렇다면 아이들을 포기해야 하는가? 당연히 아니다. 아이들을 끝까지 격려하고 기도하고 인도해야 한다. 인내와 소망을 버려서는 안 된다. 그래서 내가 믿는 대상은 하나님이다. 아이들을 믿고 좌절하고 실망하는 것이 아니라 하나님께서 이 아이를 변화시켜 주실 것이라는 믿음으로 나아가는 것이다. 이렇게 나아가면 하나님께서는 하나님의 때에 아이를 만나 주시고, 꼭 뜻하신 대로 이행하신다.

# 1. 가수가 되고 싶어요

너를 축복하는 자에게는 내가 복을 내리고
너를 저주하는 자에게는 내가 저주하리니
땅의 모든 족속이 너를 인하여 복을 얻을 것이니라 하신지라.
(창세기 12장 3절)

가수가 꿈인 고3 여학생 유정이. 언젠가 유정이와 친구들을 데리고 노래방에 간 적이 있다. 아이들이 돌아가며 노래하고, 유정이가 마이크를 잡았을 때 나는 은근히 긴장되었다. '유정이의 노래 실력이 어느 정도일까?' 하는 궁금증과 '실수하면 어쩌지' 하는 걱정스러운 마음 때문이었다.

다른 아이들은 아마추어지만, 유정이는 프로의 세계로 가고 싶은 아이였다. 유정이의 첫 음절을 듣는 순간, 내 걱정은 기우에 지나지 않는다는 것을 깨달았다. 작은 체구와 달리 유정이의 목소리에는 힘이 있었고, 풍부한 감성이 있었다. 나는 유정이의 노랫소리에 한껏 매료되었다.

유정이는 마음껏 노래하고 싶어서 고등학교에 진학할 때는 직업 위탁 과정의 실용음악과를 선택했다. 그뿐만 아니라 연예 기획사에 발탁되어 꿈을 향해 열심히 노력하는 중이었다.

유정이와 상담하는 날이 되었다. 직업 위탁 학생들은 월요일에만 본교에 오기 때문에 시간을 내어 상담하기가 어렵다. 그래서 미리 만날 계획을 세워야 했다.

9월의 가을 하늘이 펼쳐진 날, 나는 복도에 책상과 의자 두 개를 꺼내 놓고 유정이와 마주 앉았다. 유정이는 배시시 웃음을 보였다.

"유정이는 점점 예뻐지네."

유정이의 얼굴빛이 붉은 사과처럼 홍조빛으로 변했다.

"정말요?"

기분 좋아하는 유정이에게 나는 물었다.

"유정아, 노래 열심히 하고 있지?"

"네, 선생님."

이렇게 시작한 대화가 한 시간을 훌쩍 넘기고 있었다.


## 아빠에 대한 기억이 없어요

어느덧 가정 이야기를 하게 되었다. 유정이는 다섯 살 때 아빠와 엄마는 이혼하셨고, 그 후에 엄마와 둘이 살고 있었다.

"에구, 그랬구나. 그럼 유정이는 아빠에 대한 기억이 있니?"

유정이의 얼굴이 다소 어두워졌다.

"아뇨, 없어요. 선생님."

"그렇구나, 아빠에게 연락하거나 만난 적은?"

"만난 적 없어요. 만나고 싶지도 않고요. 엄마가 싫어해서요."

다소 단호해진 유정이의 대답을 들으며, 나는 유정이가 아빠에 대해 생각하는 마음을 느낄 수 있었다. 유정이는 계속해서 이야기를 풀어 놓았다.

"엄마가 저 뒷바라지 하느라고 밤 늦게 오시고, 새벽에 일찍 나가세요. 건강도 안 좋아지시는 것 같고요."

특히 엄마가 자기를 위해 희생하고 있다는 이야기를 할 때는 눈물을 흘리기 시작했다.

노랗게 염색한 머리, 직업 위탁생, 성적도 좋지 않은 아이, 이혼 가정의 아이 ……. 이런 겉모습이나 상황으로 아이들을 판단해서는 안 된다는 것을 또 한 번 깨달았다.

아이들의 가슴에는 참으로 많은 이야기가 숨어 있다. 그 이야기는 억지로 풀어 내어지는 게 아니다. 다만 그 아이의 마음을 읽으며 기도하는 심정으로 다가갈 때 하나님께서 그 마음을 토해 놓게 하시는 것을 유정이를 보며 또 알게 됐다.

### 축복의 사람

나는 유정이의 마음을 위로하고 격려했다.

"유정아, 힘낼 수 있지? 엄마도 계시고, 선생님도 네 곁에 있잖아."

유정이는 처음의 활기찬 얼굴로 금방 되돌아왔다.

"네, 그럼요. 선생님."

"유정아, 유정이는 교회에 아직 나가지 않는다고 했지? 그래도 하나님을 믿고는 있니?"

"아뇨, 아직요."

"그렇구나. 그렇다면 이제부터 하나님을 믿어 보면 어떻겠니? 사실 너와 이야기를 나누다 보니까 네 마음속 생각들을 엄마에게나 다른 사람에게 속 시원히 털어 놓는 게 어려울 거라는 생각이 들었거든. 너를 힘들게 하는 사람도 있을 거고, 그런데 하나님을 믿고, 하나님께 털어 놓으면 정말 축복의 인생이 될 거야."

유정이는 내 눈을 주시하며 내가 하는 말을 잘 듣고 있었다. 나는 유정이에게 성구서표 컵을 내밀었다. 유정이는 잠시 숨을 고르더니 말씀을 뽑았다.

*너를 축복하는 자에게는 내가 복을 내리고 너를 저주하는 자에게는*
*내가 저주하리니 땅의 모든 족속이 너를 인하여 복을 얻을 것이니*
*라 하신지라(창 12:3)*

"유정아, 하나님이 많은 사람이 너를 통해 복을 받는다는 말씀을 주셨네. 그리고 너를 축복하는 사람들을 더 축복하시겠다는 말씀도 주셨고, 참 감사한 말씀이다."

"네, 그런 것 같아요. 선생님."

그때였다. 유정이는 눈을 동그랗게 뜨고 나에게 말했다.

"선생님, 근데요. 저도 하나님 믿을래요."

이 말을 듣고 나는 마음 깊은 곳에서 감격이 올라왔다.

"그래. 유정아, 하나님께서 오늘 너를 만나기로 계획하신 날이구나. 참 잘 생각했어. 예수님을 믿고 하나님께 기도하면 하나님의 뜻을 알고 행하는 멋진 인생이 될 거야."

나는 예수 그리스도의 복음을 유정이에게 전했다. 그리고 유정이의 어깨에 살며시 손을 얹고 기도했다.

"하나님, 참 감사합니다. 오늘 유정이와의 만남을 허락하시고, 비전과 삶을 나누게 하시니 감사합니다. 하나님의 은혜 가운데 오늘 예수 그리스도를 영접하고 이제 하나님을 믿기로 작정하게 하셔서 감사합니다. 하나님께서 유정이를 책임져 주시고, 끝까지 사용하여 주시리라 믿습니다. 애쓰고 수고하시는 엄마와 함께하시고, 어디에 계신지는 모르지만, 아빠를 위해서도 기도하는 유정이로 축복하여 주시옵소서. 특히 유정이의 앞길을 형통케 하셔서 하나님 안에서 주신 가수의 비전을 잘 이루어가게 하시고, 기도하는 가수, 복음을 전하는 가수가 되도록 꼭 인도하여 주시옵소서."

수업 시간이 끝나고, 아이들이 복도로 지나가기 시작했다. 하지만 유정이와 나는 아랑곳하지 않았다. 스승과 제자의 감격적인 기도는 한동안 지속되었고 주님이 주시는 은혜와 감사가 넘치고 있었다.

# 2. 기도하면 합격할 것 같아요

네가 네 하나님 여호와의 말씀을 삼가 듣고
내가 오늘 네게 명령하는 그의 모든 명령을 지켜 행하면
네 하나님 여호와께서 너를 세계 모든 민족 위에 뛰어나게 하실 것이라.
(신명기 28장 1절)

세계적인 플루티스트 송솔나무의 연주회가 '영훈 센터'에서 열렸다. 연주회
가 끝나고 뒷정리까지 거의 끝냈는데, 고3 여학생 5명이 남아 있었다.

"선생님, 끝나고 저 좀 만나 주셔야 해요."

솔이는 밝은 웃음을 띠며 말했다. 아마도 전교에서 가장 밝고 명랑한 아
이일 것이다.

"그래, 그렇게 하자. 너희가 와서 너무 좋아."

모든 마무리를 마치고 나는 5명의 여학생을 만났다. 솔이는 맨 앞에서 내
눈을 똑바로 보며 말했다.

"선생님, 제가 D대 경찰행정학과에 지망한 것 아시죠?"

그랬다. 솔이는 여학생인데 고등학교 1학년부터 경찰이 되기를 꿈꿔 왔
다. 솔이는 리더십도 유머도 성적도 다 좋은 아이였다. 나는 미소를 띠며 대

답했다.

"그럼, 기억하다마다. 솔이에게 경찰 직업은 천직일 거야."

"감사해요."


### 에이-멘

"그런데요, 선생님. 오늘 송솔나무 연주회를 보고 나서 선생님과 함께 기도하면 왠지 좋은 일이 생길 것 같아서 수능이 얼마 안 남았지만 여기에 온 거예요. 1차 통과하고 어제 면접 마쳤거든요."

"그래? 잘 본 것 같구나."

"네. 저는 그냥 한마디 했는데 교수님들이 빵 터졌어요. 그래서 분위기가 아주 좋았어요."

솔이는 3학년 초만 해도 교회에 나가지 않는 아이였다. 그러나 하나님께서는 이 아이를 강하게 붙잡고 계셨다. 친구를 통해 교회에 인도함을 받고 열심히 신앙생활을 하게 됐다고 했다.

"그래, 솔이는 잘 될 거야. 하나님께서 금년에 널 만나 주시고 축복해 주셨잖니?"

"네, 선생님. 그래서 오늘 여기에 온 거예요. 송솔나무 연주회 너무 좋았어요. 그런데 내일이 최종 합격자 발표날이에요. 선생님, 저를 위해서 기도해 주실 거죠?"

"그럼 당연하지. 자, 우리 같이 기도할까?"

나는 솔이의 머리에 손을 얹고 축복하며 기도했다. 솔이의 믿음을 축복해 달라고 기도했다. 그리고 하나님께서 꼭 합격의 기쁨을 더하셔서 하나님을 증거하는 기회로 삼아 달라고 기도했다. 기도는 한참 계속되었다. 하나님께서는 나의 마음에 조금도 염려하지 말라는 마음을 주셨다.

기도를 마친 후 솔이는 "에이-멘" 하고 화답했고, 아이들은 "아멘"이라고 말하며 깔깔댔다. 나는 이어서 다른 4명의 고3 학생들도 차례로 가운데 앉히고 축복 기도를 드렸다. 거의 모든 아이가 수시 원서를 넣기 때문에 기도를 통한 격려는 아이들에게 꼭 필요했다.

## 쟤네들 다 교회 가게 할 거예요

다음날 학교가 발칵 뒤집혔다. 솔이가 D대 경찰행정학과에 합격한 것이다. 솔이의 친구를 통해 먼저 그 소식을 접한 나는 솔이 학급을 찾아갔다. 솔이는 교실 칠판 앞에서 아이들과 수다를 떨며 울고 있었다. 솔이는 출입문 앞에 있는 나를 보더니 점프하며 달려왔다. 솔이는 웃으며 울고 있었다. 그리고 이렇게 외치기 시작했다.

"선생님, 하나님께서 저를 축복해 주신 거죠? 저 이제부터 더 하나님 전할 거예요. 쟤네들 다 교회 가게 할 거예요. 제가 어제 선생님하고 기도한 거 이미 다 얘기했어요. 선생님, 감사해요. 너무 기뻐요."

나도 무척 기뻤다. 들어가기 힘든 학과에 들어가게 하신 하나님, 또한 믿음을 가진 지 얼마 안 되었지만 기도하며 인도함을 구한 솔이의 마음을 축복하신 하나님께 감사를 드렸다.

솔이가 연이어 외쳐댔다.

"얘들아, 줄 서 줄 서. 너희도 선생님하고 기도하라고! 너희 내일 면접 있고, 논술도 있잖아."

금방 7명의 여학생이 복도에 열을 맞춰 섰다. 그리고 기도해 달라고 머리를 내밀었다. 나는 웃으며 한 명씩 기도해 주었다. 하나님께서는 아이들을 축복하라고 기도의 권세를 주셨다. 대학에 합격하는 것보다 중요한 것은 이 아이들을 인도하실 하나님을 기대하는 것이니까.

# 3. 요즘 정말 즐거워요

오직 나는 여호와를 우러러보며 나를 구원하시는 하나님을 바라보나니
나의 하나님이 나에게 귀를 기울이시리로다.
(미가 7장 7절)

졸업만 시켜 달라고 했던 제자 호선이. 호선이가 9살 때 아버지가 돌아가
시며 호선이는 그 트라우마로 삶이 무척 힘겨워졌다. 그런 호선이의 담임을
금년에 내가 맡게 되었다. 어머니와 대화를 통해 이 가정이 여러모로 많은
어려움을 겪고 있다는 것을 알고 기도하며, 여러 동역자에게 기도 부탁을
드렸다. 동역자들은 함께 기도하고 있다는 회신을 속속 보내왔다.

"호선이와 가정이 하나님의 인도하심으로 건강한 새 삶을 이어가기를 기도합니
다. 돌보시는 최관하 선생님 존경하오며 축복합니다."
"호선이를 손잡고 인생을 구원해 주실 하나님! 호선이의 삶에 깊이 개입하셔서 역
사하소서."
"이미 호선이는 삼밭을 만난 쑥입니다. 최 선생님을 만난 아이! 하나님은 이미 모든

것을 준비하고 계십니다. 여호와라파! 여호와닛시!"

"호선이가 선생님께 마음을 열게 되어 감사하군요. 이제 예수님을 영접하고 새
로운 소망 안에서 변화된 기쁨의 삶을 살게 될 줄로 믿습니다. 교직은 예수님 안에
서 그런 변화를 줄 수 있기에 힘들어도 정말 감사한 일터지요. 기도할게요. 좋으신
하나님께요."

## 어디라도 가고 싶어요

호선이는 기타를 치는 아이다. 공연도 할 수 있을 정도다. 그래서 직업 학
교를 선택했는데, 지원하는 학교마다 불합격되었다. 2학년 때 무단결석이
많아서다. 그래서 직업 학교를 가지 못하고, 생활교양반에 남게 된 것이다.
호선이와 몇 차례 면담을 하면서 생활교양반보다는 직업 위탁을 하는 게 좋
겠다는 생각이 들었다.

"호선아, 직업 위탁 학교에 추가 모집이 있을 것 같아. 지원해 보는 게 어
떠니?"

"네, 선생님. 저도 그게 좋을 것 같아요. 기타로 어려우면 어디라도 가고
싶어요."

"그래, 우리 함께 기도하며 찾아보자. 하나님께서 길을 열어 주실거야. 힘
내고."

"네, 선생님."

그리고 며칠 후 하나님께서는 호선이의 길을 열어 주셨다. 한 직업 학교
추가 모집에 합격된 것이다. 전공 분야는 '방송기술' 분야다. 호선이가 합격
되었다는 연락을 받고 나에게 뛰어왔다.

"선생님, 저 합격이에요. 합격요!"

"우와, 정말???"

나와 호선이는 뛸 듯이 기뻤다. 그리고 나는 진학부실에 있는 여러 선생님에게 외쳤다.

"선생님들, 호선이가 합격되었어요. 합격!"

호선이의 상황을 알고, 안타깝게 여기던 선생님들은 이구동성으로 기뻐하셨다.

"우와, 정말 잘 되었네요. 호선아 축하해."

마치 대학교에 합격한 것처럼 기뻐하는 나와 호선이, 그리고 선생님들이었다. 이 기쁨은 호선이의 어머니도 마찬가지였다. 자기 아들이 아무것도 할 수 없다고 생각했던 어머니는 큰 힘을 얻었고, 눈물이 날 정도로 기뻐하셨다.

"선생님, 정말 고맙습니다. 정말 감사합니다."


## 하나님께서 만져 가시는 가정

호선이는 직업 위탁생이 되었다. 호선이와 통화를 했다.

"호선아, 잘 다니고 있니? 힘든 것은 없니?"

호선이의 목소리는 그 어느 때보다도 힘차고 밝았다.

"네, 선생님. 저 잘 다니고 있습니다. 힘든 것 없습니다."

"그래, 감사하구나. 결석이나 지각은 하지 않니?"

"네, 선생님. 한 번도 안했습니다. 그리고 무척 재밌습니다."

나는 호선이의 마음이 활짝 열려 있다는 것을 확인했다.

"그래, 참 감사하다. 하나님께서 너에게 꼭 맞는 길을 열어 주셨어."

"네, 선생님. 그리고 저 따로 시간 내서 기타도 하기로 했습니다. 어머니가

도와주신다고 하셨어요. 연습하고 공연도 할 거예요. 고맙습니다. 선생님."

'호선이가 이렇게 조리 있게 말을 잘하는 아이였던가!'

호선이의 말은 계속 이어졌다.

"선생님, 이렇게 관심 가져 주시고 기도해 주셔서 감사합니다. 저 열심히 할 수 있습니다. 감사합니다. 선생님."

호선이는 말끝마다 "선생님"을 붙였다. 이 말이 얼마나 큰 신뢰감을 주는지 모른다. 나는 여러 동역자의 중보 기도 가운데 하나님께서 호선이와 이 가정을 만져 가신다는 확신을 갖게 되었다.

### 저도 교회 나가겠습니다

나는 웃음을 보내며 호선이에게 말했다.

"호선아, 선생님보다도 참 많은 분이 널 위해 기도하고 계셔. 그리고 무엇보다 하나님께서 너를 축복하고 계시고. 네가 그동안 직업 학교에 계속 떨어졌지만, 기도하는 가운데 하나님께서 널 위해 길을 만들어 주셨잖아. 그치? 이제 호선이도 하나님을 잘 믿고 교회에 나가면 어떠니? 그러면 하나님께서 네 삶과 앞길을 지금보다 축복하시고, 잘 인도해 주실 거야. 이해되니?"

"네, 선생님. 알겠습니다. 저도 교회 나가겠습니다."

"그래, 호선아. 그럼 월요일 영훈 학교에 오는 날 좀 더 이야기 나누자. 선생님도 참 기쁘다. 네가 이렇게 용기를 갖고 열심히 살려는 모습이 참 기특하단다."

"네, 선생님. 고맙습니다."

나는 전화를 통해 호선이를 위해 축복하며 기도했다. 이 가정 가운데 예수 그리스도의 영이 함께하시고, 주님이 원하시는 삶으로 호선이를 인도하시길 기도했다. 호선이에게 영혼 구원의 비전을 이루시고, 하나님의 사람으로 성장하길 기도했다. 또한 이 과정에 필요한 등록금 등의 물질과 건강을 책임져 주시길 기도했다. 악한 것들이 틈타지 않도록 기도했다. 기도 가운데 하나님께서는 더할 나위 없는 축복으로 호선이와 나의 마음을 풍성한 은혜로 채워 주셨다.

# 4. 담배 피우는 아이들

*내가 땅 끝에서부터 너를 붙들며 땅 모퉁이에서부터 너를 부르고 네게 이르기를
너는 나의 종이라 내가 너를 택하고 싫어하여 버리지 아니하였다 하였노라.*
(이사야 41장 9절)

우리 반 아이들과 점심 식사를 같이 했다. 학교 앞 '오동도'라는 식당에서 밥을 먹었는데, 아이들은 이 식당의 김치찌개를 가장 좋아한다. 마침 외부 강사들의 수업이 있던 날이어서, 그분들도 같이 식사를 하며 여러 이야기 속에 즐거움을 누렸다.

점심 식사를 마치고 식당을 나오는데, 우리 반 준성이가 외쳤다.

"선생님, 쟤네들 보세요."

준성이가 가리키는 곳을 보았더니 식당 옆 골목에서 남학생 둘이 마주 보고 있었다. 둘이 머리를 맞댈 정도로 가까이 있어, 순간 '싸움을 하는 건가'라는 생각이 들었다.

"쟤네 몇 학년이니?"

"2학년이에요. 선생님, 쟤네들 잡아야죠. 그냥 두면 안 되죠."

"왜?"

"담배 피우는 거예요."

"아! 그렇구나."

나는 빠른 걸음으로 그 두 아이에게 다가갔다. 아이들은 순간 당황하며 주춤거리고 있었다.

"도망, 도망."

자기들끼리 중얼거리더니 두 아이가 동시에 몸을 '획' 돌려 달아나기 시작했다. 우리 반 아이들이 나에게 다가왔다.

"선생님, 쟤네들 어떻게 하실 거예요?"

"하하, 걱정마. 선생님한테 다 생각이 있어. 너희 혹시 쟤네 누군지 알 수 있지 않니?"

"당연히 알죠. 선생님."

## 선생님이 주는 벌을 받고 싶어요

담배를 피우며 어울리는 아이들, 속칭 노는 아이들은 서로를 잘 안다. 혹시 잘 모른다고 하더라도 아이들끼리 연락을 취하면 결국 다 알아낼 수 있다. 그래서 아이들을 찾을 때는 같은 공동체의 아이들을 동원하면 쉽게 찾아낼 수 있다.

나는 사실 아이들을 그 자리에서 붙들 마음이 없었다. 왜냐하면 그 자리에서 아이들을 잡아다 훈육시킨다고 아이들이 금방 변화되지 않는다는 것을 잘 알고 있기 때문이다. 이렇게 골목에 나와 담배 피울 정도의 아이들이라면, 한 번의 훈계가 아닌 지속적인 관심과 노력, 그리고 하나님께서 이 아이들에게 허락하시는 방법이 필요하다는 생각이 들었던 것이다.

"얘들아, 그럼 그 두 녀석한테 연락해서 교무실로 오도록 해줘라. 가능? 불가능?"

"당연히 가능요."

준성이와 아이들은 무슨 이유에선지 매우 즐거운 얼굴을 하며 경쾌하게 대답했다.

다음날 오전 정말로 두 아이가 나를 찾아왔다. 이름은 남규와 빈이. 나는 그 아이들을 보는 순간 웃고 말았다. 이럴 때는 왜 아이들이 더 사랑스럽게 보이는지, 담배를 피우다 걸린 아이들이 숨지 않고 선생님을 찾아오는 모습은 아이들의 순수함의 발로(發露)이리라. 하지만 나와는 달리 남규와 빈이의 표정은 굳어 있었다. 나는 웃으며 말했다.

"너희 어제 거기서 뭐 한 거니?"

"담배 피웠습니다."

"그렇구나. 그럼 학교 근처에서 담배를 피우는 것이 학칙상 금지되어 있는데, 어떻게 하면 좋을까? 그냥 학교에서 주는 벌을 받을래? 아니면 내가 주는 벌을 받을래?"

아이들의 눈빛이 순간 반짝였다. 그러더니 이구동성으로 말했다.

"선생님이 주는 벌을 받고 싶습니다."

나는 활짝 웃으며 말했다.

"그래? 너희는 내가 주는 벌이 무엇인지나 알고 있니?"

"네, 선생님. 기도할 거라는 거 알고 있습니다."

"어떻게 알았지? 내가 너희를 가르친 적이 없는 것 같은데. 하여튼 좋아. 당연히 기도는 하지. 근데 한 번이 아니라 너희가 담배 끊을 때까지 할 것 같은데, 어떠니? 그냥 학생부실로 갈래? 아니면 같이 끊으려고 노력해 보겠니?"

아이들은 조금의 망설임도 없이 대답했다.

"네, 끊으려고 노력하겠습니다. 하라는 대로 하겠습니다."

나는 마음속으로 이렇게 기도하고 있었다.

'두 아이를 붙여 주신 하나님, 이 아이들이 담배 피우는 것을 끊는 부분적인 것보다 중요한 영혼 구원의 뜻을 이루소서. 남규, 빈이 둘 다 신앙생활을 하지 않는다 하니, 이번 기회를 통해 두 아이를 만나 주소서. 교회로 인도하시고, 나쁜 것은 끊어버리게 하시고 천국 백성 삼아 주시옵소서. 부족한 저에게 성령님이 임하시고 저를 사용하여 주시옵소서.'

### 교회에 갈게요

나는 두 아이에게 밝은 표정으로 말했다.

"그럼 좋아! 너희 일단 선생님하고 교회에 가서 예배 한 번씩 드리는 거 어때? 벌칙이라고 생각해도 되고."

아이들은 이 말에도 즉시 반응했다.

"네, 좋습니다. 선생님, 예배드리겠습니다. 그런데 교회는 ……?"

나는 웃으며 말했다.

"주일날 우리 학교 소강당에서 예배드리잖아. 영훈오륜교회라고 학교 안에 교회가 있지 않니? 일단 선생님하고 그 예배에 참석하면서 적응해 가면 좋을 것 같아. 괜찮겠니?"

"네, 선생님. 그런데 계속 다니는 건 제가 결정하면 안 될까요? 사실 저희 집 종교는 불교거든요."

"당연히 그래야지. 하지만 일단 나하고 예배 한 번은 드리고 나서 또 얘기 나누어 보도록 하자. 어때?"

"네, 알겠습니다."

남규는 바로 그 주 주일날 교회에 와서 예배를 드리기로 했다. 빈이는 주말에 1박 2일로 지방에 가야한다고 해서 다음주 수요 예배에 오기로 했다.

남규는 약속대로 영훈 고등학교 소강당에서 매 주일 진행되는 '영훈오륜교회' 주일 9시 예배에 처음으로 참석했다. 함께 찬양하고 기도할 때 나는 남규의 손을 꽉 잡아 주었다. 내 눈에서는 인도하신 하나님께 감사의 눈물이 흘러내렸다. 남규의 마음이 어색하거나 불편하지 않도록 주님께서 남규를 깊이 만나 주시기를 소망하며 기도했다.

남규는 그날 새신자 등록을 했다. 당분간 교회에 적응할 때까지 나와 같이 어른 예배를 드리기로 했다. 아이들의 삶에 개입하시고 하나님의 방법으로 인도하시는 하나님께 감사와 찬양을 올려드린다.

# 5. 게임 중독 제자의 영접 기도

너희는 너희가 하나님의 성전인 것과
하나님의 성령이 너희 안에 계시는 것을 알지 못하느냐
누구든지 하나님의 성전을 더럽히면 하나님이 그 사람을 멸하시리라
하나님의 성전은 거룩하니 너희도 그러하니라.
(고린도전서 3장 16-17절)

현이는 게임 중독이다. 전국 랭킹 100-200위 사이에 든다고 하니, 참 대단한 아이다. 그래서 나는 현이에게 이렇게 말하곤 한다.

"현아, 게임 중독으로 살지 말고 프로 게이머가 돼라."

현이는 우리 반에서 몸집이 가장 큰데, 말도 조곤조곤 잘하고, 귀염성도 있다. 2학년 때까지 선생님들에게 야단도 많이 맞았지만, 그래도 귀엽다고 말한다. 그래서 나는 이렇게 별명을 붙였다. '덩치 큰 귀요미!'

보통 게임 중독 아이들에게 나타나는 현상이 현이에게도 있다. 바로 학교에 지각하는 것이다. 아니, 지각 정도가 아니라 아무 때나 왔다가 아무 때나 가려고 한다. 집에 가면 종일 게임만 하는 아이, 그게 인생의 낙이라고 한다. 어느 날은 학교에 오후 3시 넘어서 왔다가, 4시에 종례하고 가는 경우도 있었다. 이 아이가 게임 중독으로 평생 살지도 모른다는 생각에 계속 기도하

며 현이를 한 학기 동안 만나 왔다.

## 저는 꼭 졸업할 겁니다

현이는 무단결석과 지각이 늘어나면서 학교징계위원회에 불려갔다. 교내 봉사, 사회봉사 활동으로 벌이 내려졌는데도 현이는 더 나아질 기미가 보이지 않았다. 1학기가 끝나갈 무렵, 나는 기도하는 가운데 날을 정하고, 학교에 온 현이를 복도로 불렀다. 그리고 3층으로 올라가는 계단 바닥에 나란히 앉아 대화를 시작했다.

"현이야, 선생님들이 너를 좋아하던데."

현이는 야단맞을 줄 알았는지 내 입에서 나오는 말을 의아해 하며 빙그레 웃었다.

"저를요? 왜요?"

"네가 성격이 좋다고. 귀염성도 있고."

현이는 웃으며 말했다.

"그렇죠. 제가 쫌 귀엽죠."

이런 현이가 밉지 않았다. 나도 웃으며 말했다.

"현이야, 근데 졸업은 할 거니?"

"그럼요, 선생님."

낙천적이고 말 잘하는 아이인지라 망설임 없이 분명한 뜻을 보였다.

"그래, 나도 그렇게 되길 바라고 있어. 그런데 네 생각과 달리 학교를 계속 결석하면 수업 일수 부족으로 학교를 더 이상 다닐 수가 없어. 작년에 우리 반 아이 하나도 그런 적이 있거든. 그 아이가 2학기 때 자퇴하고 나갔잖아. 너도 그렇게 되지 않았으면 좋겠어."

이 말을 듣던 현이는 다소 얼굴이 경직되는가 싶더니, 또 천연덕스럽게 말했다.

"선생님, 저는 꼭 졸업할 겁니다. 안 빠질 겁니다. 이제."

이렇게 말하고 나서 연거푸 사흘을 결석한 현이. 사실 현이뿐만 아니라 아이들이 대체로 비슷하기에 사실 솔직히 말하면 나는 아이들을 믿지 않는다. 아이들은 순간순간 변화무쌍하기 때문이다. 십대는 더욱 그렇다.

그렇다면 아이들을 포기해야 하는가? 당연히 아니다. 아이들을 끝까지 격려하고 기도하고 인도해야 한다. 인내와 소망을 버려서는 안 된다. 그래서 내가 믿는 대상은 하나님이다. 아이들을 믿고 좌절하고 실망하는 것이 아니라 하나님께서 이 아이를 변화시켜 주실 것이라는 믿음으로 나아가는 것이다. 이렇게 나아가면 하나님께서는 하나님의 때에 아이를 만나 주시고, 꼭 뜻하신 대로 이행하신다.


## 몇 살까지 살고 싶니?

2학기가 시작되었다. 기도 가운데 하나님께서는 우리 반 아이들을 한 명씩 만나 복음을 전하고 영접케 할 시기가 되었다고 음성을 들려 주셨다. 나는 즉각적으로 순종했다.

아침 시간, 복도에 책상을 꺼내 놓고, 의자 두 개를 마주 보게 놓았다. 그리고 현이와 마주 했다.

"현이, 방학 잘 보냈니?"

"네, 선생님."

"엄마는 계속 지방에 계시고?"

"네."

현이는 엄마 얘기만 나오면 목소리가 작아진다. 엄마에게 미안한 마음 때문일 것이다. 현이 엄마는 현이가 아주 어렸을 때 현이 아빠와 이혼했다. 그래서 현이는 지금 할머니와 동생과 산다고 했다. 이 밝던 아이가 엄마 이야기와 가정 이야기만 나오면 움츠러드는 것은 그만큼 가정이 중요하기 때문이다. 아이에게 영향을 끼치고 있기 때문이다. 나는 이런저런 이야기를 나누다가 미소를 띠며 천천히 말했다.

"현아. 오늘은 그냥 사는 이야기 좀 나누고 싶다. 편안하게 이야기할 수 있겠니?"

"네."

현이의 말이 끝나자마자 나는 물었다.

"현이는 몇 살까지 살고 싶니?"

뜬금없는 질문이었지만 현이는 잠시 생각하다가 이내 대답했다.

"음~. 85살, 90살요."

"응, 그렇구나. 그럼 그다음에는 어떻게 될까?"

"죽으면 끝이죠."

이렇게 시작된 대화가 두 시간을 지나고 있었다.

"현아, 이제 너와 내가 만날 수 있는 시간이 사실 얼마 안 남았어. 수능까지 50일도 안 남았잖아. 그리고 방학하고 바로 졸업인데, 이렇게 널 보내면 내가 너무 마음이 아프고 하나님께 죄송할 것 같아. 현아, 사실 이 땅에서 죽는 것은 누구에게나 해당되는데 사람에게는 두 부류가 있어."

현이는 내 눈을 응시하고 있었다.

"한 부류는 너처럼 죽으면 끝이라고 생각하면서 아무 소망이 없이 사는 부류, 또 하나는 죽음의 관문을 통해서 천국으로 가는 믿음을 가진 부류, 즉 선생님 같은 사람들이지. 현아, 그동안 이런 사실을 잘 몰라서 그냥 생각 없이 살아왔을 수도 있지만, 선생님은 네가 나중에 하늘나라에 갔을 때 꼭 천국 백성이 되길 기도하고 있어. 게임 중독이든 아니든, 돈이 많든 적든 사실 그런 것보다 중요한 것은 이 세상의 삶이 끝이 아니라는 거야."

나는 예수 그리스도를 믿으면 구원을 얻는다는 천국 복음을 전했다.

### 예수님을 믿고 싶어요

그때 현이가 말했다.

"근데요, 선생님. 저는 교회 싫어해요."

"그렇구나. 하지만 교회 나가는 것 이전에 예수님을 믿고 싶은 생각은 드니?"

그때였다. 현이는 천천히 고개를 끄덕였다. 현이의 얼굴이 다소 비장해 보이는 것은 왜일까? 나는 밝은 목소리로 말했다.

"그래, 그럼 현이야. 나를 따라서 기도할 수 있겠니?"

현이는 나를 따라 예수 그리스도를 믿음으로 영접한다는 영접 기도를 드렸다. 그리고 자신과 비전, 가족들을 위한 기도를 나를 따라서 계속 했다.

하나님께서는 우리 아이들을 절대 포기하지 않으신다. 기도 가운데 아이를 생각나게 하시고, 이렇게 복음을 전하게 하시는 은혜에 참 감사하다. 현이가 당장 행실이 바뀌지 않을 수도 있다. 하지만 행실 이전에 구원 백성으로 살고자 하는 희망을 부어 주시고, 이제 주님께서 원하시는 삶으로 변화시켜 주실 거라 믿는다. 앞으로 교회도 정해 주시고, 하나님의 사람으로 쓰임받게 하실 거라 믿는다.

# 6. 품에 안기는 남학생

아버지께서 나를 사랑하신 것 같이
나도 너희를 사랑하였으니
나의 사랑 안에 거하라.
(요한복음 15장 9절)

환이는 거의 책상에 엎드려 있는 남학생이었다. 학기 초에는 아이들에 대한 정보가 별로 없어서 환이가 아픈 아이인지, 아니면 공부에 관심 없는 아이인지 잘 파악할 수가 없었다. 시간이 흐르며 환이의 행동을 통해, 그리고 여러 경로를 통해 환이에 대해서 알게 되었다.

환이는 다른 학생들보다 지능이 약간 낮은 아이였다. 그래서 어려운 말은 잘 못 알아 들었고 행동도 더뎠다. 나는 인내를 가지고 환이를 지켜보았다. 그리고 기회가 될 때마다 환이를 격려했다. 그러다 보니 점차 아이들도 환이를 이해하고 보살펴 주는 분위기가 형성되었다.

### 환이를 위한 기도

내가 담당하는 국어 시간은 거의 모둠별 토론 및 발표로 진행된다. 지금의 고등학생들은 초등, 중등학교에서 이미 모둠별 학습이나 발표 등에 익숙한 아이들인지라 토론 및 발표를 불편해 하는 학생은 거의 없다. 하지만 환이는 토론과 발표에 적극성을 보이기가 어려웠다. 교과서의 내용 이해도 어려웠고, 아이들과 토론을 하기에도 어휘가 부족해서 자신감이 없었다. 그럼에도 아이들과 함께하려고 하는 환이가 기특했다.

나는 일부러 수업 시간 2-3분 전에 환이가 있는 교실에 들어갔다. 그것은 환이가 수업 시간 외에 어떻게 지내는지를 조금이라도 파악하고 싶었기 때문이다. 환이는 혼자 있는 경우가 많았다. 책상에 엎드려 있거나 조용히 벽에 기대고 있거나 초점 없는 눈으로 허공을 주시하고 있었다.

나는 매일 아침 환이를 위해 기도했다. 하나님의 사랑과 축복과 은혜가 넘치는 아이가 되길, 예수님께서 꼭 만나 주시길, 그래서 세상에 주눅 들지 않고 당당히 믿음으로 승리하는 삶이 되길 기도했다. 그리고 내가 환이에 대해 어떻게 행동해야 할지를 하나님께 물었다. 이렇게 기도하니 하나님께서는 이내 나의 마음에 하나님의 마음을 부어 주셨다.

## 심장 박동이 전해지는 순간

평소처럼 환이네 학급 수업 시작 전 조금 일찍 교실로 들어섰다. 앞문을 열고 들어서며 환이의 자리를 보았는데, 환이가 마침 칠판 앞으로 걸어 나오고 있었다.

나는 환이를 보며 활짝 웃었다. 그리고 두 팔을 벌렸다. 나의 갑작스러운 행동에 환이는 멈칫하는 듯했다. 학급의 아이들도 나의 행동을 주시하고 있었다. 그때였다. 환이가 그 큰 몸을 움직이더니 천천히 나에게 다가왔다. 그리고 나의 두 팔 안에 안겼다. 환이의 이런 행동에 내 눈에서는 눈물이 흘렀다. 이를 본 아이들은 매우 놀라워하며 "와~!" 소리와 함께 손뼉을 치기 시작했다.

나는 하나님께 감사하며, 환이를 안고 한동안 그렇게 있었다. 그리고 환이네 학급 수업 때마다 나는 환이를 향해 팔을 벌렸다. 그때마다 환이는 내 품에 안겼다. 거부하지 않는 환이를 보며 아이들은 신기해했고, 그때마다 아이들은 박수를 보냈다.

한 달여가 지난 어느 날, 그날도 나는 팔을 벌렸다. 환이가 다가왔다. 나는 그런 환이를 보며 이렇게 말했다.

"환이야, 오늘은 네가 선생님을 안아 줄래?"

환이는 잠시 주춤하는 듯 했지만 이내 자신의 두 팔을 벌렸다. 그리고 나는 환이의 품 안에 안겼다. 환이의 가슴은 매우 넓었고, 심장의 힘찬 박동이 내 가슴에 전달되었다. 스승의 품에 안기는 제자, 제자의 품에 안기는 스승. 우리는 한동안 하나님의 품에 함께 안겨 있었다.

# 7. 눈물과 감동의 국어 수업

여호와의 말씀에 내 삶을 두고 맹세하노라
너희 말이 내 귀에 들린 대로 내가 너희에게 행하리니.
(민수기 14장 28절)

교실에 들어서자마자 출석을 확인한 후, 특별한 설명 없이 아이들에게 백지를 먼저 나눠 주었다. 그리고 이어서 힘차게 말했다.

"자, 여러분! 나눠 준 종이에 학번과 이름을 적으세요. 그리고 '요즘 내가 이 말을 들으면 힘이 나고, 위로가 되고 격려가 될 것 같은 말' 한 가지 이상을 적으세요. 혹시 어떤 말을 써야 할지 고민하는 친구들은 PPT자료를 참고해도 좋습니다. 2분 드립니다."

나는 말을 마치고, 바로 PPT 자료를 띄웠다. 그 자료에는 이런 내용이 담겨 있었다.

＊ 지금 내가 가장 듣고 싶은 말은?

• 그랬구나 • 미안해 • 사랑해 • 아니야 괜찮아 • 네가 자랑스러워 • 얼마

나 힘들었니 • 고마워 • 정말 수고했어 • 잘했어 • 아름다워~ 예뻐 • 넌 나
에게 소중해 • 너라서 해낸 거야 • 잘될 거야 • 숨만 쉬어도 돼 • 잘 견뎌왔어
• 네 잘못이 아니야 • 내가 옆에 있을게 • 이 정도면 충분해 • 누가 뭐라든 너
답게 살아가

아이들은 이런 내 수업에 익숙하다. 이내 쓰기 시작하는 아이들. 아이들은
궁금증과 흥미, 호기심을 가지고 즐겁게 수업에 임하고 있었다.

### 아이들이 듣고 싶은 말

다음은 아이들이 누군가에게 듣고 싶은 말을 요약한 것이다.

오늘 수업은 없어요 • 마라탕 사줄까? • 자랑스러워 • 너라서 해낸 거야
• 누가 뭐라든 너답게 살아가 • 넌 나에게 소중해 • 잘 견뎌왔어 • 사랑해
• 잘하고 있어 • 아무것도 안해도 괜찮아 • 넌 너 자체로도 정말 예뻐 • 잘했어
• 내가 옆에 있을게 • 지금처럼 열심히 노력한다면 좋은 결과가 있을 거야
• 화이팅 • 잘될 거야 • 넌 할 수 있어 • 정말 수고했어 • 10시간 자도 괜찮
아 • 못해도 돼 • 많이 힘들었지? • 행운이 언제나 함께 하길 • 내가 선물 줄게
• 자고 싶으면 자 • 치킨 사줄게 • 넌 진짜 천재인 것 같아 • 고마워 • 넌 가장 친
한 내 친구야 • 집에 가자 • 부담 갖지 마 • 내가 옆에 있을게 • 맛있는 거 사줄게
• 하고 싶은 대로 해 • 너 너무 웃겨 • 네가 최고다 • 멋지다 • 너밖에 없어
• 네가 제일 예뻐 • 언제나 곁에 있을게 • 문어(무녀)지지마 • 여기에서 기다
릴게 • 조급해하지마 • 느려도 돼 • 멈추진 마 • 꾸랑해 • 용돈 줄게 • 아름다
워 • 예뻐 • 공부 안 해도 돼.

2-3분 후, 대부분의 아이가 어느 정도 쓴 것을 확인한 후, 나는 이렇게 말했다.

"다음 단계입니다. 모두 자리에서 일어나세요!"

아이들은 '또 뭐지?' 하는 표정으로 자리에서 일어섰다. 나는 아이들의 어리둥절한 표정을 보며 이렇게 말했다.

"자, 이제 자기가 쓴 것을 들고 어떤 친구에게든 다가가세요. 그리고 자기가 쓴 것을 알려 주고, 상대방 친구는 그 내용을 다섯 번씩 말해 주는 겁니다. 말할 때는 상대방의 눈을 보면서 말해 주세요. 그리고 또 서로 바꿔서 말해 주세요."

내 말이 끝나기도 전에, 아이들은 "왁~ 왁~ 모야!"하며 부끄러워 했지만, 즉시 실행에 옮기고 있었다. 그런데 얼마 지나지 않아, 듣고 싶은 말을 말하고 듣는 여학생 몇 명의 눈에는 이미 눈물이 맺혀 있었다. 한 쪽에서는 쑥스럽고, 오글거린다고 하면서도, 즐겁게 수업에 임하고 있는 아이들도 있었다. 두세 번 정도 짝을 바꾸어 말하게 한 다음, 나는 아이들을 자리에 앉도록 했다.

"자, 여러분 가운데 학급의 모든 친구에게 자신이 듣고 싶은 말을 듣기 원하는 사람 있나요? 있으면 해주려고 합니다."

잠시 침묵이 흐르는 듯 했지만, 이내 한 여학생이 손을 들었다.

"우와, 한별이가 손을 들었구나. 자, 여러분! 친구 한별이가 여러분에게 듣고 싶은 말을 해달라고 요청했습니다. 가능하죠?"

아이들은 손뼉을 치며 고개를 끄덕였다. 이내 한별이는 앞으로 나왔고, 아이들은 입에 손을 모으고 한별이를 향해 큰 소리로 외치기 시작했다.

"한별아, 네가 하고 싶은 대로 하면 돼!"

"한별아, 네가 하고 싶은 대로 하면 돼!"

"한별아, 네가 하고 싶은 대로 하면 돼!"

## 교육은 감동이다

한별이의 얼굴에는 미소가 번졌고, 눈에는 눈물이 고였다. 희한한 것은 이렇게 소리치는 아이들 가운데서도 눈물이 맺힌 아이들이 있었다는 것이다. 앞에 나와 아이들의 외침을 듣는 한별이나 자리에 앉아 목청껏 외치는 아이들의 마음에 감동이 일어나고 있었다.

사실 이 수업은 얼마 전 텔레비전에서 한 예능 프로그램을 보고 아이디어를 얻은 것이다. 물론 하나님의 지혜로 창의성을 가미하긴 했지만 말이다. <식스센스>라는 프로그램이었는데, 모든 출연자가 감동을 받고 힘을 얻는 것을 보며, 아이들 수업에 활용하면 좋겠다는 생각을 한 것이다.

가장 아름다운 수업은 '감동이 일어나는 수업'이라고 생각한다. 단순한 지식 전달로 끝나지 않고, 감동이 일어날 때 삶에서 긍정적 변화가 일어난다. 그래서 나처럼 아이들을 가르치는 위치에 있는 사람은 항상 고민해야 한다. 어떻게 하면 감동적인 변화가 교실에서 수업 시간을 통해 일어나는가 말이다.

이 내용을 두고 하나님께 기도하며 준비할 때, 하나님께서는 항상 지혜를 부어 주셨다. 하나님의 지혜로 나아갈 때에 하나님께서는 놀라운 감동과 은혜를 주시곤 하셨다. 또한 이렇게 기도하며 나아갈 때, 하나님께서는 더욱 큰 지혜의 영으로 함께해 주셔서 미처 생각하지 못했던 방법을 더하도록 인도해 주셨다.

나는 아이들에게 말했다.

"얘들아, 너희가 이렇게 하는 것을 보니까 마음이 참 따뜻하고 정겹다. 한별아, 지금 마음 어떠니?"

"너무 좋아요. 기뻐요. 누군가에게서 듣고 싶은 말이었거든요."

나는 한별이를 자리에 들어가 앉도록 했다. 그리고 하나님께서 부어 주신 지혜로 계속 진행해야겠다는 생각에 이렇게 말했다.

"얘들아, 이제 다음 단계야. 모두 휴대폰을 꺼내 보세요."

아이들은 또 무엇을 하려나 의아해 하면서도 휴대폰을 꺼냈다.

"자, 이제 여러분의 아빠, 엄마 등 가족이나 친구, 지인에게 '요즘에 들으면 힘이 날 것 같은 말이 무엇인지' 문자나 카톡으로 물어 보는 겁니다."아이들은 여기까지는 생각 못한 것 같았다. 하긴 나도 그랬다. 순간적으로 하나님께서 주신 마음으로 진행하는 것이었으니까. 그래서 결과는 하나님께 맡겨야 했다.

## 천국이 된 교실

아이들은 아빠, 엄마, 친구, 언니 등에게 문자 또는 카톡을 보내기 시작했다.

"자, 답장이 온 사람은 손을 들어 주고, 나에게 한 번 보여 주면 좋겠어요."

아이들에게 온 답장을 보았더니, 다양했다.

"자, 여러분! 지금 전화하기 바랍니다. 그리고 통화로 듣고 싶은 말을 상대방에게 직접 해주세요."

아이들은 놀라면서 말했다.

"우와!"

"쑥스러워요."

"그걸 어떻게, 그냥 카톡으로 해요!"

나는 웃으며 말했다.

"그래, 정 어려운 사람은 카톡이나 문자로 해도 돼. 하지만 가능한 사람은 전화로 해주면 더욱 좋을 것 같아."

아이들 몇 명이 전화를 걸었다. 나는 유심히 그 아이들을 살폈다. 전화를 건 아이 중 진이가 있었다. 그리고 진이는 이렇게 고백했다.

"엄마, 나 잘하고 있어. 사랑해, 엄마"

그리고 이 말을 마치자마자 진이는 책상에 엎드려 울기 시작했다. 그 울음소리가 교실에 울려 퍼졌다. 아이들은 모두 진이를 바라보았다. 나는 진이에게 다가가 위로하며 이렇게 말했다.

"진이야, 엄마에게 잘 해드린 거니? 눈물을 많이 흘리는구나."

"네, 선생님. 엄마에게 미안한 게 많아서 울컥했어요."

진이로부터 촉발되어서 아이들은 여기저기서 손을 들기 시작했다. 나는 손을 든 영이에게 달려갔다. 이번에는 아빠였다. 아빠가 듣고 싶은 말은 "아빠, 사랑해"였다.

나는 영이에게 통화로 말해 드리라고 했다. 영이는 주저하다가 아빠에게 전화를 걸었고, "아빠, 사랑해"라고 직접 말했다. 그때 나는 영이에게 스피커폰으로 돌리라고 했다. 그리고 영이 아빠에게 이렇게 말했다.

"영이 아버님, 지금 국어 수업 중입니다. 가족에게 듣고 싶은 말을 한 건데, 협조해 주셔서 감사합니다. 그런데요. 영이네 학급 아이들 전체가 아버님한테 이 말을 해드릴 건데 괜찮을까요?"

영이 아빠는 이내 좋다고 하셨다. 나는 아이들에게 신호를 보냈다.

"얘들아, '영이 아빠 사랑해요', 세 번 해드리는 거야."

"영이 아빠, 사랑해요! 영이 아빠, 사랑해요! 영이 아빠, 사랑해요!"

아이들의 얼굴이 상기되었다. 영이는 더욱 홍조빛 얼굴이 되었다. 아이들은 처음 수업 시작 때보다 훨씬 밝아져 있었고, 기쁨의 얼굴로 변해 있었다. 그도 그럴 것이 지금 듣고 싶은 말을 들었으니, 더욱 행복하지 않겠는가? 이외에도 "캐롤 불러줘", "언니 잘하고 있어", "괜찮아, 잘될 거야" 등을 스피커폰을 통해 말해 주었는데, 그때의 교실은 천국 같았다.

## 아이들의 소감

다음은 아이들이 수업을 마친 후에 쓴 소감이다. 소감을 읽으며 나는 다시 한 번 지혜를 주시고, 이렇게 인도하신 하나님께 감사의 기도를 드렸다.

나는 항상 과정보다 결과가 중요하다는 생각에 좋은 결과를 얻기 위해 최선을 다했어요. 그런데 그렇게 하다 보니 내가 너무 힘들어졌어요. 세상과 벽을 쌓고 공부만 할 때보다 오늘의 예쁜 하늘을 보면서도 기분이 좋아지는 지금이 더 행복해요. 앞으로는 나 자신에게 '내가 듣고 싶은 말'을 자주 해주고, 작은 것에도 감사를 해야겠다고 생각했어요.

오늘도 이렇게 재밌고 행복한 수업을 들어서 너무 좋았어요. 서로에게 듣고 싶은 말을 해주고 친구들 부모님에게도 듣고 싶은 말을 해드리고 받기도 해서 너무 감동이었고, 이런 말을 자주 해야겠다고 생각했어요. 이렇게 활동하고 나니 뭔가 찡한 마음도 들고 정말 사람에게는 이런 작은 말 한마디가 크게 와 닿는다는 것을 알게 되었습니다. 오늘도 너무 유익한 시간이었습니다.

'오늘 부모님께 듣고 싶어 하시는 말을 해드렸는데, 너무 눈물이 났습니다. 그동안 부모님께 죄송했던 것이 한 번에 터져서 울컥했습니다. 사람을 행복하게 해주는 말 한마디가 참 힘이 세구나 라는 것을 느꼈어요. 저도 그 말을 들으면 행복하니까 제 주변 사람들도 나의 말 한마디로 행복하게 해줘야겠다고 생각했습니다.

새삼스레 건네는 말이어서 부끄러웠지만, 지금같이 각박한 삶에 소소해 보여도 큰 의미가 담겨 있는 이런 말을 해드리면 큰 힘이 될 것 같습니다. 이런 활동을 통해 긍정적인 힘을 얻었어요.

## 천국의 언어

나는 수업을 마무리하며 천국의 언어를 소개했다.

"여러분, 천국의 언어가 있다는 것 알고 있나요? 바로 '사랑합니다', '고맙습니다', '미안합니다', '용서합니다', '용서해 주세요'입니다. 이런 말만 하고 사는 세상이라면 참 아름다울 것입니다. 그러니까 우리의 입술에 하나님께서 주시는 사랑과 평강, 격려와 위로, 기대와 소망의 말이 가득했으면 좋겠습니다. 하나님께서도 하나님의 귀에 들린 대로 '너희에게 행하시겠다'는 말씀을 하셨어요.

여호와의 말씀에, 내 삶을 두고 맹세하노라 너희 말이 내 귀에 들린 대로 내가 너희에게 행하리니(민 14:28).

그러니까 우리 모두 사랑과 축복과 격려의 말, 감사와 소망의 말을 해야 해요. 우리 모두 이 하나님의 말씀을 기억하고 오늘 수업을 생각하며, 앞으로 사랑과 축복의 언어를 사용하는 모두가 되었으면 좋겠어요."

# 8. 뀨랑해요

곧 지혜가 네 마음에 들어가며
지식이 네 영혼을 즐겁게 할 것이요.
(잠언 2장 10절)

십대들과 생활하다 보니, 그들의 언어에 민감하게 된다. 수년 동안 들어 온 십대들의 압축 언어 중 몇 개를 소개한다.

버정: 버스정류장

엄카: 엄마카드

남아공: 남아서 공부

오저치고: 오늘 저녁에 치킨 고

반모: 반말 모드

안물안궁: 안 물어봤어 안 궁금해

킹정: 완전 인정

어쩔 티비: 어쩌라구 가서 티비나 봐

이 단어들을 처음 접했을 때, 아이들과 생활하고 있는 나도 잘 모르는 단어가 여러 개 있다는 것을 발견하게 되었다. 그리고 이 단어들을 통해 십대들의 문화 코드도 알게 되었다. 그것은 디지털 세대답게 논리나 설득보다 감성적이고 직관적이며, 유익함보다는 흥미와 재미를 추구한다는 사실이다. 그리고 옳고 그름이 아니라 좋고 싫음이 중요하며, 전통적인 것들에서 탈피하고자 하는 특성이 있다는 것이다.

### 신조어 탄생

아이들과 눈높이를 맞추기 위해 내가 잘 사용하는 손 하트와 더불어 "뀨"라고 외치는 말이 있다. 그 말은 인터넷 채팅어로, 수년 전부터 사용한 것인데, '사랑스럽고 귀엽고 깜찍함'을 뜻하는 말이다. 오글거릴 때도 있지만, 이 말 덕분에 지금까지도 아이들과 소통하는 데 많은 도움이 된다.

그런데 최근 이 말을 확장해서 발전시킨, 아이디어가 돋보이는 말이 등장했다. 연이가 친구들과 나를 찾아왔다. 그리고 "깔깔깔" 목소리가 터져 나올 듯이 아이들은 나를 보면서 이렇게 말했다.

"선생님, 뀨랑해요. 뀨랑해요."

순간 나는 잘못 들었나 싶었다.

"뀨"도 아니고, "사랑해요"도 아닌 "뀨랑해요"라고 말했기 때문이다. 나는 아이들에게 물었다.

"얘들아, '뀨랑해요'라고 한 거니?"

연이는 생글생글 웃으며 말했다.

"네, 제가 만들었어요. '뀨'하고 '사랑해요'를 합친 말이에요. 어때요? 선생님."

입속으로 되뇌다 보니 재미있었다. 입에 착 달라붙으면서도, 십대 아이들의 눈높이에 맞는 신조어였다.

"뀨랑해요. 하하하, 이거 재밌다. 대단한데? 어떻게 만들어 냈어?"

연이도 즐거워하며 손뼉을 쳤다.

"그러실 줄 알았어요. 선생님. 애들도 다 좋아해요. 뀨랑해요!"

아이들은 그다음 쉬는 시간에도 나를 찾아와서 "뀨랑해요"를 외치기 시작했다. 이 말이 학교에 점점 확산되어 가는 느낌이 들었다. 나도 수업 시간에 연이와 친구들의 이야기를 하며 "뀨랑해요"를 외쳤더니, 아이들이 손뼉을 치며 매우 재미있어 하고 즐거워했다.

나는 국어를 전공한 사람이다. 국어 문법에는 맞지 않지만, 십대들의 언어 특징이 살아나는 이런 신조어는 아이들과의 소통에 도움을 주는 경우가 많다. 언제까지일지는 모르겠지만 일단 사용해 보기로 했다.


### 늘어나는 '뀨' 신조어들

쉬는 시간에 찾아오는 아이들이 늘어나며 "뀨"와 관련된 합성어도 늘어갔다. 연이와 친구들이 또 신조어를 만들어 온 것이다.


뀨+사랑해요 : 뀨랑해요

뀨+안녕하세요 : 뀨녕하세요

뀨+파이팅 : 뀨이팅

뀨+스며든다 : 뀨며든다


이 정도면 기발하다고 해야 하지 않을까.

"뀨랑해요, 뀨녕하세요, 뀨이팅, 뀨며든다."

아이들은 이 말을 하며, 자신들의 웃음을 영훈고 교정에, 교실에 전파했
다. 사랑과 귀여움의 동작 '뀨'와, '사랑, 안녕, 파이팅, 스며들다'라는 긍정
적인 언어를 조합한 이 말이 영훈고에 신선함과 생동감의 활력을 더하고
있었다.

어색할 수도 있고, 아이들의 언어가 이러면 될까 하는 염려도 되겠지만,
흐르는 문화 속에 아이들의 독창성과 재미와 즉흥성이 가미된 이 말을 오
늘도 외쳐 본다.

"얘들아, 뀨랑해!"

"뀨이팅!"

"뀨며든다."

이 글을 읽는 여러분, "뀨녕하세요!"

뀨

# 9. 손 편지의 감동

너의 행사를 여호와께 맡기라
그리하면 네가 경영하는 것이 이루어지리라.
(잠언 16장 3절)

금년에는 1학년 남학생 두 학급과 여학생 두 학급의 아이들을 국어 수업으로 만났다. 감사하게도 아이들은 수업을 잘 따라왔고 나 역시 수업을 통해 즐겁게 아이들을 만나왔다.

요즘 아이들은 글 쓰는 것에 익숙하지 않다. 아니, 글을 쓰기는 하는데, 손으로 쓰는 것보다 컴퓨터나 노트북을 이용하여 글을 쓴다. 영상에 익숙하고, 짧은 콘텐츠에 익숙하다. 유익한 것보다 좋은 것에 끌리고, 싫으면 아무리 좋은 것이라도 하지 않는 경향을 가지고 있다.

이런 아이들이지만 아이들은 나와 같은 어른들보다 순수하다는 사실을 나는 잘 알고 있다. 아이들은 어른에 비해 덜 퇴색되었다는 것이다. 그래서 깨끗한 마음과 진심으로 다가가면 아이들은 마음이 열린다. 그리고 자신의 속내에 담겨 있는 것을 표현한다. 아이들이 진심으로 표현하기 시작하면, 그것은 이내 감동이 된다.

## 생소한 편지 한 통

얼마 전 정말 '생소한' 편지 한 통을 받았다. 굳이 '생소하다'고 표현한 것
은 예전 같았으면 아주 자연스러운 일이겠지만, 요즘은 손 글씨로 쓰는 편
지가 매우 귀하기 때문이다. 나는 이 편지가 책상 위에 놓여 있는 것을 한동
안 주시하고 있었다. 편지의 손 글씨 자체가 감동으로 다가왔고, 읽기도 전
에 제자의 마음이 느껴졌기 때문이다. 그 편지의 한 부분을 여기에 옮긴다.

선생님, 안녕하세요?

저 민영이에요. 선생님께서 해주시는 따뜻한 이야기들을 들으면서 저도 꼭 선생
님처럼 선한 영향력을 전하는 사람이 되고 싶다는 생각을 했어요. 또 선생님 덕
분에 공부를 열심히 할 수 있는 힘을 얻었어요!

고등학교에 들어와서 학업 때문에 힘들기도 하지만, 국어 수업은 너무 재밌어서
국어 수업이 있는 날에는 학교에 오는 것도 정말 즐거워요. 사실 제가 문학을 너무
싫어해서 국어를 좋아하지는 않았어요. 하지만 선생님께서 화자나 작가의 입장
에 공감할 수 있도록 수업을 해주셔서 문학 작품을 이해하는 것이 수월해졌어요.
그리고 수업이 너무 재미있어서 열심히 참여하다 보니 시험 공부하는 것도 힘들지
않았어요. 정말 감사드립니다.

선생님께서는 항상 학생들을 진심으로 대해 주셔서 정말 존경스러워요. 저도 선
생님처럼 많은 사람에게 힘이 되고 싶어요! 선생님처럼 되기 위해 앞으로 모든 일
에 최선을 다하여 열심히 살겠습니다. 선생님 정말 존경해요. 건강하세요.

이 편지의 주인공은 국어 수업 시간에 집중을 잘하는 민영이다. 집중뿐만이 아니라 질문도 잘하는 아이로 기억하고 있다. 편지의 내용을 보니, 국어를 어려워하고 있었는데 도움이 되었다는 점, 그리고 국어 내용뿐만 아니라, 나에게서 선한 영향을 받고 있다는 고백에 참 감사했다. 그것은 여러 이유가 있겠지만, 그 가운데서도 아마 시간을 쪼개어 실시한 특별 프로그램의 영향 때문이 아닌가 생각이 들었다.

## 좋은 수업을 만든 비결

교과 수업을 진행하면서도 그 바쁜 수업 시간을 쪼개어 실시한 1학기 특별 프로그램은 이러하다.

'DISC'는 아이들의 행동 유형 찾기 프로그램으로 꼭 학급 첫 시간이나 두 번째 시간에 한다. 이것을 통해 학급 아이들의 특성을 파악할 수 있고, 학급 아이들과 함께 수업할 수 있는 방법을 모색할 수 있기 때문이다. 즉, 눈높이를 맞출 수 있다는 것이다.

'통통통' 프로그램은 '소통이 불통이면 고통이 된다'에 근거한 소통 프로그램이다. 아이들이 직접 그림을 그리면서 소통 실습을 하는 프로그램인데, '통통통'의 의미가 부정적인 면이 있어서, 금년에 새로운 말을 만들어 냈다. '소통이 능통이면 형통이다'라고 말이다.

'고래도 춤추게 하는 칭찬 릴레이'는 학급 전체 아이들이 릴레이로 칭찬해 주는 프로그램이다. '상대방이 듣고 싶은 말 해주기'는 예능 프로그램에서 본 것을 모방, 발전시켜 학급의 아이들뿐만 아니라, 통화로 가족이나 지인들에게 연락해서 수업 시간에 실시간으로 진행하는 프로그램이다. 이것은 아이들뿐만 아니라 가족, 지인들도 연결해서 함께하기 때문에 수업이 큰 감동과 눈물이 가득한 시간이 되기도 한다.

또 생각해 보니 나의 언어 습관도 좋은 수업을 만드는 데 한 몫 한 것 같다. 나는 아이들에게 '-때문에 안 된다'라는 이야기를 절대 하지 않는다. 그것은 십대 아이들의 특징을 알고, 하나님의 마음을 알기 때문이다.

십대는 흔들릴 때다. 아니, 흔들려야 정상이다. 십대에게는 성장통이 있다. 그래서 흔들린다. 그 아이들을 보며 함께 흔들리는 나의 입장이 아니라 그 안에서 일하시는 예수님을 만나게 해야 한다는 것이 핵심이다. 그럴 때 이 아이의 인생이 바뀌고, 소망이 생긴다. 길이요, 진리요, 생명이신 예수 그리스도를 만날 때 인생의 비전을 발견하고 힘이 나는 삶이 된다. 그래서 나는 항상 이렇게 강조하며 외쳐 왔다.

"-때문이 아니라 -임에도 불구하고"

"-becsuse of가 아니라 inspite of"

나는 정성스럽게 손 글씨로 편지를 써서 보내온 민영이를 격려하고 싶었다. 특히 신앙생활도 열심히 하고 있는 아이여서, 믿음 안에서 잘 성장하기를 기도하고 싶었다. 그래서 다음날 민영이에게 내가 쓴 책 중 「울보 선생의 명품 인생」에 사인을 해서 선물로 주고 축복하며 기도했다.

앞으로 민영이가 나를 통해 받은 좋은 영향력에 그치지 않고, 예수님의 영향력을 받아 '예수님의 향기'가 드러나는 삶을 살기를 소망한다. 기도하는 선생님으로서 이 아이를 위해 항상 기도하기로 작정하고, 오늘도 이 글을 쓰며 기도한다.

# 10. 애정 통신에 묻어난 애정

여름 방학을 며칠 앞둔 국어 수업 시간, 나는 아이들에게 백지를 나눠 주며
이렇게 말했다.

"여러분, 처음이 있으면 끝이 있듯이, 이제 한 학기가 마무리되는 때입니
다. 그동안 수고 많았어요. 우리 한 학기를 마치며, 서로에게 해주고 싶은 말,
격려의 말을 해주면 좋겠는데, 제가 한 가지 방법을 소개할게요."

백지를 나눠 주는 내 모습을 보며 몇몇 아이는 이렇게 말했다.

"앗, 롤링 페이퍼 하는 것 아니야?"

흔히 '롤링 페이퍼'라는 이름으로 불리는 이 활동을, 나는 '애정 통신'이
라고 명명했다. 그리고 수십 년 교직 생활을 해오는 동안, 학기가 끝날 무렵
에는 어김없이 이 활동을 했다. '애정 통신'은 이름 그대로 '애정을 담아 작
성한 통신문'이라는 뜻이다. 나는 방법을 설명한 후, 약 서른 명 가량의 학

급 인원 전체가 자리에서 일어나지 않고, 끊어지지 않고, 계속 돌리는 방법을 제시했다. 그리고 담임 선생님의 이름을 쓴 애정 통신문도 아이들 것 사이에 끼워 넣었다. 내 이름을 쓴 것도 포함했다. 아이들은 무엇이든 활동을 하면 즐거워한다. 더욱이 친구들을 격려하고 사랑하는 이런 활동을 무척 즐거워하고, 행복해한다. 아마도 이것을 쓰는 본인도 받는 사람이 행복할 것이라고 생각하며 쓰기 때문이 아닐까. 그것을 지켜보는 나조차도 행복해졌고 아이들의 얼굴은 천사처럼 예쁘고 맑았다.

나는 조용히 말했다.

"애들아, 쓰는 동안 음악 틀어 줄게. 신청곡 받아요."

아이들은 듣고 싶은 노래를 신청했고, 나는 그 음악을 틀어 주었다. 음악을 들으며 문득 나는 금년에 만난 아이들이 쓴 내용이 궁금해졌다. 아이들이 글로 표현할 때 기발한 내용과 재미있는 표현이 많기 때문이다.

쓰다가 시간이 모자라면 다음 수업 시간 선생님께 양해를 구해 작성했다. 그리고 다 완성된 후, 아이들은 내 것을 가져다 교무실 책상 위에 올려 놓았다.


### 선생님, 진심으로 감사합니다

아이들이 나에게 써 준 '애정 통신'의 내용 몇 개를 소개해 보겠다. 나는 이것을 읽으며, 고1 아이들이 쓴 것이 맞나 생각이 들기도 하고, 웃음이 나기도 했다. 나는 한동안 깊은 감동을 맛보는 즐거움을 만끽했다.


-뀨쌤은 저에게 행복을 많이 준 선생님입니다.

-제가 만났던 선생님들 중 제일 재미있으시고 수업 분위기도 제일 재밌게 해주

시고 고등학교 들어와서 힘들어하는 학생들도 선생님 덕분에 힘이 나는 것 같습니다.

-항상 웃으시고 긍정적인 말을 해주실 때마다 저도 힘을 받아요. 항상 행복하시고 건강하세요.

-사실 고등학교 국어에 대해 걱정을 많이 했는데, 예상과 달리 수업도 너무 재미있고 이해도 잘 되는 것 같아요. 앞으로도 지금처럼 멋진 수업 부탁드립니다. 저도 최선을 다해서 공부하겠습니다.

-저는 선생님이 주신 명함 아직도 잘 간직하고 있습니다. 그리고 선생님께서는 정말 저희를 아끼시고 재밌게 수업을 해주셔서 제가 존경하는 선생님입니다.

-고등학교에 입학했을 때 진짜 많이 심란했습니다. 그런데 선생님을 만나고 나서 점점 고등학교 생활이 재미있어졌습니다. 선생님, 진심으로 감사합니다.

-영훈고 TOP 3 안에 드는 빛나는 쌤, 꾸랑합니다.

-첫 수업부터 정말 제 스타일이었습니다.

-관하 쌤! 항상 밝은 에너지를 학생들에게 전해 주시는 관하 쌤, 참 감사합니다. 평생 기억에 남을 것 같아요. 사랑합니다.

-선생님 수업만 듣고 나면 힘이 생겨요. 그리고 항상 의미 있는 프로그램을 해주셔서 저희가 힘을 받고 위로가 됐어요.

-쌤 너무 귀여우세요.♡ 그리고 저희한테 맞춰 주시려고 노력하시는 게 보여서 항상 감사드려요.

-선생님, 지금까지 본 선생님 중에 가장 웃기고 친근하신 것 같아요. 쌤, 너무 귀여우세요. 앞으로도 잘 부탁드려요~ 뀨~ 티비 데헷.

-선생님, 우선 한 학기 동안 정말 수고 많으셨어요. 고등학교 와서 여러 가지로 힘들었는데 선생님께서 무심결에 던져 주신 한마디 말 덕분에 고등학교 생활에

큰 도움이 되었어요. 수업 시간에도 신앙심을 키워 주셨고, 어루만져 주셔서, 제가 겪고 있는 힘듦이 위로되고 앞으로 인생을 살아가고 영위하는 데에 큰 방향성을 제시해 주셔서 큰 도움이 되었습니다. 아직 미숙하고 17살의 무게를 견디기 힘든 저희 반을 위해 늘 신경써 주시고, 기도해 주셔서 매번 감사함을 느낍니다. 비단 '국어'라는 과목에 그치지 않고 아이들과 감정적 교류까지 하시는 모습에 무한한 존경심이 생깁니다. 교사로서의 표본을 보여 주신 것 같아요. 저도 선생님을 위해서 기도하고 싶습니다.

## 아이들과 교감하고 동행한 한 학기

나는 이 글을 읽으며 진한 감동을 맛보았다. 아이들은 그냥 무엇인가 '진심'으로 행동하는 것이 '감동' 그 자체다. 고등학교 1학년 학생들이 쓴 글이라고 믿기지 않을 정도로 아이들은 진심을 다해 나에게 감사와 존경의 마음을 전달하려 애쓰고 있었다. 나는 이것을 읽으며 깔깔 웃기도 하고, 대견스럽다는 생각이 들기도 했다.

한 학기 단순한 국어 지식 전달만이 아니라, 아이들과 교감하고 동행했다는 사실이 나를 무척 기쁘게 했다. 더욱이 나는 부족하지만, 부족한 나를 통해 아이들에게 예수님을 느끼도록 하신 하나님께 영광을 올려드리지 않을 수가 없다.

# 11. 생전 처음 받아 본 엽서

하나님이 우리를 사랑하시는 사랑을 우리가 알고 믿었노니
하나님은 사랑이시라 사랑 안에 거하는 자는 하나님 안에 거하고
하나님도 그의 안에 거하시느니라(요한일서 4장 16절).

기말고사를 2주가량 앞둔 어느 날. 아이들은 또 한 번의 시험을 맞이하며 힘들어 하고 있었다.

"시험(test) 때문에 시험(temptation)에 들지 말자!"

시험 때만 오면 이 말을 그렇게 외쳐도 아이들에게 시험은 항상 무거운 짐이 되고, 지나야 할 육중한 철문이 되고 있었다. 아이들은 시험 일정이 발표된 날부터 계속 "자습을 하자!"고 외쳐댔다. 나는 오랜 교직 생활로 아이들의 마음을 알고 있던 터라, 일찌감치 진도를 끝내고 남은 수업 시간을 쪼개어 자습 시간으로 주었다. 그리고 이렇게 말했다.

"애들아! '자습'에는 두 가지 의미가 있어. '자율 학습' 또는 '자는 연습'. 너희는 자율 학습을 하기 바란다."

"네!" 하고 외치는 것도 잠시, 대부분의 아이는 이미 '자는 연습'의 자습

에 빠져들고 있었다.

나는 아이들에게 말했다.

"애들아, 너희는 자습하면 되는데, 그럼 난 뭘 하면 되는 거니?"

아이들은 소리쳤다.

"주무세요."

"기도하세요."

"제 생각해요."

나는 웃으며 말했다.

"하하하, 알았어. 너희가 말한 거 다 할 테니까 너희는 열공하렴."

이렇게 말하고 나서 나는 아이들을 격려하기 위해 이벤트 하나를 시작했다.


## 자필 엽서

나는 글을 짓기도 하지만, 붓펜으로 글씨를 잘 쓰기도 한다. 내가 어렸을 때는 캘리그라피라는 것이 없었지만, 나는 다양한 필기구로 멋지게 글씨 쓰는 것을 즐겼다. 그렇게 하다 보니, 7가지 정도 다른 글씨체를 갖게 되었다. 그 가운데 붓펜으로 글을 써서 인쇄하여 만든 자필 엽서에다가 아이들을 위해 기도하며 격려의 글을 쓰고 싶었다.

이 엽서의 앞면에는 나의 캐릭터, 연락처, 그리고 성경 구절이나 내가 지은 시가 적혀 있다. 그리고 '학생들을 사랑하는 울보 선생의 자필 엽서'라는 글씨와 '혼자 외로워하지 말고 언제나 연락하렴'이라는 문구도 적혀 있다. 뒷면에는 아이들의 이름을 넣어 한 장 한 장 붓펜으로 격려의 글을 쓰도록 하나님께서 마음을 주셨다.

내가 수업을 들어가는 4개 학급의 아이들(약 120명가량의 아이들)에게 일일이 엽서를 썼다. 그리고 수업 시간에 만나지는 못하지만, 기도하는 가운데 하나님께서 마음을 주시는 아이들에게도 격려 엽서를 쓴 다음에 사진을 찍어 전송했다. 선생님의 손 글씨, 그리고 짤막하지만 사랑이 담긴 내용. 이 엽서를 수업에 들어가 아이들에게 이름을 부르며 나눠 주니 아이들은 이내 감동하였다.

"여러분! 선생님의 작은 격려지만 이것을 받아 보니 어때요? 좀 더 힘이 나나요?"

"네~!"

아이들은 큰 소리로 대답했다.

"그럼 선생님이 만든 엽서 4종류를 모두 나눠 줄 테니까 여러분도 격려하고 싶은 사람에게 글을 써서 전달해 보세요. 그럼 그 엽서를 받는 사람들도 여러분처럼 큰 힘이 나지 않을까요?"

### 아이들의 고백

기도 중 하나님께서 주시는 마음으로 행할 때 하나님께서는 역사하신다. 하나님께서 기뻐하시는 일이기 때문이다. 아이들의 마음을 위로하고 격려할 때 하나님께서는 이 엽서 한 장을 사용해서도 구원의 역사를 이루어 가신다. 그래서 하나님께서 기뻐하시는 것은 어떤 상황에서든 순종하며 살아가야 할 당위성이 있는 것이다.

아이들은 자신의 이름이 적힌 엽서를 받아 들고 놀라워했다. 그리고 이런 고백을 보내 왔다.

-이 글을 받고 나서 시험을 정말 잘 볼 것 같은 기분이 들었습니다.

-선생님께서 저의 꿈을 응원해 주시고 기도해 주셔서 감사하고, 시험 기간에 힘들고 지쳤는데 이런 엽서를 주셔서 감사합니다.

-살면서 처음 받아 본 엽서여서 정말 감동받았습니다. 감사합니다.

-학생 한 명 한 명 다 다르게 써주신 걸 보고 감동받았고 내용도 좋아요.

-선생님, 항상 감사합니다. 선생님께서 좋은 말씀해 주실 때마다 울컥해요. 마음에 와 닿는 것 같습니다.

-선생님께서 직접 써 주셨다고 생각하니 정말 감동이었고, 힘내라는 말을 직접 듣는 것보다 큰 감동이었습니다.

-다음 주 기말고사를 걱정하고 있었는데, 선생님의 편지를 받으니 걱정이 줄어 들고 안도가 되는 것 같습니다. 시험 때문에 시험에 들지 않고 남은 기간 잘 준비해서 시험을 잘 볼 수 있도록 하겠습니다. 감사합니다.

-요즘 공부할 의욕이 자꾸 떨어졌는데 선생님이 저희를 위해서 직접 써주신 글을 보니 기분도 좋아지고 조금 더 열심히 해보고 싶어졌습니다. 제가 종교도 없고 기도도 할 줄 모르지만, 저도 항상 선생님께서 매일매일 사랑이 넘치고 행복한 하루를 보내셨으면 좋겠습니다. 항상 사랑으로 저희에게 좋은 수업 해주셔서 감사합니다.


나는 아이들이 엽서를 받은 후에 보내 온 글을 읽으며 깨달은 점이 하나 있다. 감동받은 아이들의 글은 내가 쓴 글보다 더 진한 감동이라는 사실이다. 더욱이 태어나서 한 번도 이런 손 글씨 엽서를 받아 본 적이 없는 아이가 대부분이라는 사실 또한 나를 놀라게 했다.

사랑하는 나의 제자들, 앞으로 살아갈 이 험난한 세상에서 하나님의 사랑으로 항상 승리하는 삶의 주인공이 되길 기도한다.

# 12. 교정을 배회하는 우등생의 눈물

곧 지혜가 네 마음에 들어가며
지식이 네 영혼을 즐겁게 할 것이요.
(잠언 2장 10절)

어느 날 퇴근길이었다. 천안에 갈 일이 있어서 빠른 걸음으로 교문을 향하고 있었다. 그때 교정 언덕배기 끝 무렵에 낯익은 얼굴이 보였다. 3학년 여학생 지영이었다. 그런데 지영이는 먼발치에서 보아도 무언가 심상치 않은 몸짓과 표정을 하고 있었다. 나는 빠른 걸음으로 지영이에게 다가갔다.

"지영아, 얼굴빛이 안 좋은데, 무슨 일 있니?"

"와~앙!"

지영이는 내 말이 끝나기가 무섭게 나에게 달려오다시피 하며 울기 시작했다. 아니, 이미 눈물이 흐르고 있었는데, 내 말에 울음보가 터진 것이다. 나는 자연스럽게 지영이를 50미터 앞 벤치로 인도했다. 어깨를 가볍게 토닥이며, 마음속으로 지영이에게 이렇게 말했다.

'괜찮아, 걱정하지마. 다 잘될 거야.'

지영이는 벤치에 앉아서도 계속 눈물을 흘렸다. 울먹거리는 고3 여자 아이. 불현듯 오늘 모의고사 때문이 아닐까 싶은 생각이 들었다. 수년 전 우리 학교 고3 한 여학생이 모의고사를 본 날이면 교정을 돌아다니며 허공에다 욕을 하고, "으악 으악" 소리 지르던 것이 떠올랐다. 그 정도로 모의고사 가 주는 실망과 좌절 등 심리적 위축감이 아이들에게는 대단하다.

### 모의고사를 망쳤어요

지영이는 전교에서 성적 최상위권을 다투는 아이다. 지영이네 반 수업을 하진 않지만 지영이에 대해서는 어느 정도 알고 있었다. 지영이는 참 모범 적으로 학교생활을 하는 바른 아이다. 그래서 지영이가 우리나라에서 가장 좋은 대학교들에만 수시 지원을 하고, 학교에서도 꽤 기대하고 있다는 것은 당연한 일일지도 모른다. 나는 계속 울고 있는 지영이에게 조용히 말했다.

"지영아, 울고 싶을 때는 참지 말고 울어. 눈치 보지 말고. 그래야 마음이 조금이라도 풀리거든. 선생님 있다고 개의치 말고."

고개를 끄덕이며 연신 눈물을 흘리는 지영이가 안쓰러우면서도 순간 무척 귀엽다는 생각을 했다. 나는 마음속으로 지영이가 편히 이야기하기를 기도하며 잠시 기다렸다. 이윽고 지영이는 입을 열었다.

"선생님, 오늘 모의고사를 망쳤어요. 특히 국어를 잘 못 봤어요. 점수가 많이 떨어진 것 같아서 불안해요."

"그랬구나. 보니까 국어가 오늘은 많이 어렵더라. 실수가 많았니? 하하하, 지영이가 어려울 정도면 다른 아이들은 어떻게 풀었으려나?"

지영이는 눈물이 그렁그렁했지만, 조금씩 마음이 괜찮아지는 듯했다.

나는 천안으로 내려가야 하는 시간이 촉박하다는 것은 알고 있었지만, 이 상태로 지영이를 보내서는 안 된다는 생각이 들었다.

우리 아이들이 힘들고 어려움을 당할 때 누군가의 격려와 기도는 아이들에게 힘을 주고, 주님의 때라면 예수님을 영접하고 의지하는 인생으로 바뀌도록 한다. 그때가 바로 이 순간일 수도 있기 때문에 크리스천들에게는 영적 예민함과 순발력이 필요하다. 사실 우연히 나와 지영이가 교정에서 만난 것 같지만, 모든 만남은 하나님께서 허락하신 것이니 이렇게 만나게 하신 하나님의 뜻을 분별하고 순종해야 한다는 생각이 들었다.

"지영아, 잠깐만."

나는 가방에서 격려 엽서를 꺼냈다.

"아~! 이거."

지영이는 반색하며 좋아했다.

"지영이 이거 아니?"

"그럼요. 선생님이 저에게도 예전에 한 번 써 주셨어요. 식당에서요."

나는 가끔 자필 엽서를 들고 아이들이 점심 식사를 할 때 식당으로 찾아다녔다. 그리고 격려의 글을 써 주었는데, 그때 지영이도 한 장 받아 보관하고 있는 모양이다.

"그래, 그럼 오늘도 지영이를 위해서 또 한 번 글을 써야겠다."

나는 활짝 웃으며 붓펜을 꺼내 격려의 글을 쓰기 시작했다.

사랑하는 제자, 지영이에게 하나님께서 지혜를 더하시고, 세상이 줄 수 없는 평강으로 언제나 함께하실 것이며, 소망하는 대학과 과에 잘 진학하도록 인도하실 줄 믿고 기도합니다. _기도하는 울보 선생 최관하

## 성구서표를 뽑고 기도하고

지영이의 얼굴이 무척 밝아져 있었다. 하지만 지영이의 눈은 눈물로 가득 차 있었다. 지영이는 결국 또 울음보를 터뜨리고 말았다.

"흑~흑~흑~."

나는 지영이에게 물었다.

"왜? 지영아, 계속 불안하니?"

"아뇨, 선생님. 너무 감사해서요. 그리고 제가 원래 눈물이 많아서 자꾸 우는 거예요."

"하하, 그렇구나. 사실 울보는 내 별명인데, 지영이도 울보로구나."

나는 엽서를 건넸다. 그리고 성구서표가 있는 말씀 컵을 건넸다.

"지영아, 이거 아니? 한 번 뽑아 보렴."

지영이의 눈이 반짝였다. 지나가는 아이들이 성구서표를 가운데 두고 있는 지영이와 나를 유심히 보고 있었다. 그 아이들도 이 성구서표를 경험한 아이들일 것이다. 지영이는 성구서표를 한 장 뽑았다. 이때 하나님이 지영이에게 주신 말씀은 이렇다.

> *곧 지혜가 네 마음에 들어가며 지식이 네 영혼에 즐겁게 될 것이요*
>
> *(잠 2:10).*

지영이는 내가 써 준 엽서와 이 성구서표의 말씀을 받아들고 무척 기뻐했다. 나의 위로는 한계가 있지만 하나님의 말씀을 통한 격려는 가늠하기조차 힘들다.

"지영아, 선생님이 널 위해 한 번 기도해도 될까?"

지영이는 고개를 끄덕였다.

나는 교정에서 지영이를 위해 기도했다.

"하나님, 오늘 우연한 만남일 수 있지만 놓치지 않고 이렇게 기도할 수 있는 시간까지 인도해 주셔서 감사드립니다. 지영이가 오늘 모의고사로 인해 상심과 두려움 가운데 있습니다. 그동안 열심히 학교생활을 잘해 왔고, 또 좋은 성적도 주셨는데, 이제 수능을 한 달도 남기지 않은 상태입니다. 오늘 주신 말씀처럼 지영이에게 지혜와 지식이 가득하게 축복하여 주시옵소서. 어렸을 때 잠깐 교회에 나간 것 말고는 하나님에 대해 잘 알지 못한다고 하였습니다.

하나님, 지영이 마음 가운데 거하여 주시옵소서. 그래서 이 시간 이후로는 주님께 의지하고 기도하며 입시 준비를 하게 하시고, 또한 주님의 그 크신 사랑을 잘 알고 그 사랑을 실천하며 기도하는 지영이가 되게 하여 주시옵소서. 오늘 격려 엽서를 쓰게 하시고, 말씀도 뽑게 하시고, 기도하게 하시는 하나님께 참으로 감사드립니다. 주님의 뜻을 꼭 이루실 줄 믿습니다.

수능 보는 날 지영이에게 최상의 컨디션을 주시고, 실수하지 않게 하여 주시고, 좋은 성적으로 대학에 잘 진학할 수 있도록 길을 열어 주시옵소서. 여기까지 인도하신 하나님께서 앞으로도 함께하실 줄 믿고 예수님의 이름으로 기도드립니다. 아멘."

### 관하 초콜릿이야

지영이의 눈과 얼굴이 무척 밝아졌다.

"선생님, 감사합니다. 기분이 좋아졌어요. 감사합니다."

"그래, 지영아. 나도 좋다. 그런데 너를 데리고 한 군데 갈 곳이 생각났어."

"네? 어디요?"

"학교 앞 문방구! 내가 너에게 사주고 싶은 것이 갑자기 생각나서. 가자!"

괜찮다며 사양하는 지영이를 문방구로 데리고 가 초콜릿 두 개를 사 주었다.

"지영아, 이 초콜릿의 이름은 'Ghana' 초콜릿이야. 하하하. 이름이 뭐라고? 가나, 과나, 관하 초콜릿이란다. 힘들 때면 언제든지 '관하' 초콜릿을 찾아 주세요."

지영이의 눈망울이 어째서인지 또 붉어지는 듯했다. 나는 지영이에게 손가락으로 하트 모양의 사랑 표시를 하고, 급히 지하철 계단으로 뛰어 내려갔다. 가까스로 서울역에서 천안행 기차를 탔다.

기차 창밖으로 보이는 어스름한 저녁, 지영이의 눈물 어린 얼굴이 떠올랐다. 지영이를 무심코 지나치지 않게 하시고, 아이에게 따스한 격려를 허락하신 주님께 깊이 감사하며 기도했다. 그리고 나의 사랑하는 제자들과 이 땅의 청소년들을 위해서 기도했다.

사랑하는 마음과 사랑을 베풀 수 있는 기회를 허락하신 사랑이신 하나님께 영광과 찬송을 올려드린다

# 13. 선생님은 천사예요

*인자와 진리가 네게서 떠나지 말게 하고 그것을 네 목에 매며 네 마음판에 새기라*
*그리하면 네가 하나님과 사람 앞에서 은총과 귀중히 여김을 받으리라.*
*(잠언 3장 3-4절)*

중간고사를 일주일가량 앞두고 있었다. 매일 아이들의 이름을 부르며 기도하지만 아이들을 격려하는 것은 실제적으로 나타나야 한다. 사랑은 표현하는 것이기 때문이다. 그래서 아이들의 명단과 사진첩을 놓고 기도하며 격려 엽서를 쓰기로 했다.

짤막한 내용이지만, 아이들에게 큰 격려가 되고 이 과정을 통해 아이들이 주님의 사랑을 경험하길 바라며 엽서를 썼다. 그리고 아이들의 개인 톡으로 이 사진을 보내고, 수업 시간에 원본을 전달했다. 아이들은 자기 이름이 적혀 있는 개인 엽서를 보며, 이 작은 선물에 큰 감동을 보내왔다.

"감사합니다."

"최고예요."

"대박, 감동이에요."

## 시험 때문에 시험에 들지 말자

나는 시험을 앞두고 아이들에게 이렇게 말했다.

"얘들아, 오늘은 시험 전 주라 너희는 자습을 원할 거야. 그렇지?"

아이들은 큰 소리로 대답했다.

"네."

나는 활짝 웃으며 말했다.

"그래서 오늘은 특별히 5분만 특강하고, 너희에게 남은 시간을 줄게. 자, 나를 따라서 외친다. 시험 때문에 시험에 들지 말자!"

"시험 때문에 시험에 들지 말자!"

나는 아이들을 보며 말했다.

"앞의 시험은 'test'라는 말로 긍정적인 뜻을 가지고 있거든. 그리고 뒤의 시험은 'temptation'으로 부정적인 의미를 가지고 있어. 그러니까 너희가 보는 중간고사, 기말고사 이런 시험은 우리 수준을 확인하는 긍정적인 'test'인거야. 그런데 이것 때문에 심한 스트레스를 받거나 우울증에 걸리는 것, 더욱이 극단적인 생각까지 하는 것은 부정적 시험, 즉 'temptation'인거지. 그러니까 최선을 다하되 결과에 너무 흔들리지는 말자. 알았지?"

아이들은 한 목소리로 대답했다.

"네."

나는 시험을 앞둔 사랑하는 제자들을 축복하며 기도했다. 그리고 이어서 말했다.

"얘들아, 내 전화번호 알지? 문자로 요즘 가장 듣고 싶은 말이 무엇인지 보내렴."

아이들은 이유도 묻지 않고, 나에게 요즘 자신들이 가장 듣고 싶은 말을 문자로 보내왔다. 아이들이 나에게 보낸 내용은 이러하다.

-충분히 지금도 잘하고 있어. 조금만 더 힘내자. 너는 할 수 있어.

-놀러가자.

-참 잘하는구나."

-오늘 정말 수고했어. 잘했어."

-고기 사 줄까?

-살 빠졌당~^^.

-너~~~~~무 옙뻐."

-너의 꿈을 응원할게.

-공부 안 해도 인생 안 망해. 다 길이 있어.

-좀만 힘내자.


격려는 사람을 기쁘게 하고 힘을 불어넣어 준다. 이런 반응은 남학생이든 여학생이든 별반 차이가 없다. 그래서 우리의 입술은 격려와 사랑을 표현할 수 있어야 하고, 생명을 낳는 창조적인 것이어야 한다.


### 사랑의 열매

여학생 한 학급에서 수업할 때였다. 가지고 온 기도 엽서를 모든 아이에게 한 명씩 이름을 부르며 나눠 주었다. 그리고 이어서 듣고 싶은 말을 문자로 보내라고 했다. 나는 아이들이 보낸 그 문자의 내용을, 엽서에 쓰고 있었다. 그때 문자 하나가 들어왔다. 그 문자의 주인공은 남경이, 그 내용은 이렇다.

"선생님을 만난 건 축복받은 인연입니당."

그리고 글자판에 이런 내용을 써서 나에게 보여 주었다.

"선생님은 정말 천사예요."

이 글을 보는 순간, 눈물이 왈칵, 마음이 요동쳤다. 작은 것인데, 이토록 진한 사랑을 표현하는 아이들이라니! 무척이나 감사했다. 엽서를 쓰는 작업은 고될지 몰라도 사랑이 있고, 기쁨이 있기에 행복한 작업이다.

사랑에는 수고가 따른다. 그리고 사랑에는 꼭 열매가 있다.

# 14. 열이 너무 높아요

아무것도 염려하지 말고 다만 모든 일에 기도와 간구로,
너희 구할 것을 감사함으로 하나님께 아뢰라
그리하면 모든 지각에 뛰어난 하나님의 평강이
그리스도 예수 안에서 너희 마음과 생각을 지키시리라.
(빌립보서 4장 6-7절)

유례없는 코로나의 어려움 속에서도 아이들의 학업과 그에 따른 평가는 매우 중요한 것이라 세밀한 중간고사 계획이 필요했다. 몇 번의 회의를 거치고 여러 번 수정하여 일정을 세웠다.

시험 기간 오전에 2, 3학년이 먼저 등교하여 시험을 보고, 이어서 1학년이 등교하여 시험을 치르도록 했다. 그에 따라 아이들이 등교할 때 2, 3학년을 대상으로 중앙 현관에서 열 체크를 한 번 하고, 또 1학년이 등교할 때 열 체크를 해야 했다. 그것뿐만이 아니라 열화상 카메라를 통과하도록 했으며 당연히 손 소독도 실시했다.

시험을 보는 중에도 아이들을 관찰해야 했고, 어려운 상황이지만 최적으로 시험을 볼 수 있도록 환경 조성에도 신경을 써야 했다. 방과 후에는 각 교실을 한 번 더 방역하는 수고도 따랐다.

중간고사 첫날, 그 어느 때보다 묘한 긴장감이 흐르는 가운데 2, 3학년의 중간고사가 무사히 끝났다. 그리고 이어서 1학년의 등교 시간이 되었다. 그런데 보건 선생님으로부터 열이 너무 높은 한 여학생이 있어 염려된다는 이야기를 들었다. 그 아이는 1학년 선미라는 여학생인데, 계속 38도 이상이 나와서 아무래도 병원에 보내야 할 것 같다고 했다. 우선 학교 안에 임시로 설치된 진료소에 학생을 격리시켜 놓았고, 부모님께 연락도 드렸다는 것이다. 내 머릿속에는 순간적으로 여러 생각이 스쳐 지나갔다. 그리고 저절로 입에서 기도가 나왔다.

'하나님, 오늘 중간고사 첫날인데, 선미에게 아무 일 없도록 도와주세요. 영훈고를 안전하게 지켜 주세요.'

만약 선미가 코로나로 판명이 나면 중간고사 일정뿐만 아니라 학교 전체적으로, 또 우리 학교를 중심으로 근처 학교에도 영향이 있을 것이 뻔했기 때문이다.


### 아이를 위해 기도하며

보건 선생님과 함께 선미를 찾아갔다. 우리도 이렇게 염려스러운데 선미는 시험도 보지 못하는 상황이 얼마나 힘들고 상심이 클지 짐작되었기 때문이다. 선미는 마스크를 하고, 손에 비닐장갑을 낀 채 힘없이 앉아 있었다. 마음에 안타까움이 가득 일어났다. 눈물을 꽤 흘렸는지, 마스크로 가린 선미의 얼굴에서 슬픔이 묻어 나왔다. 나는 아이에게 다가가서 말했다.

"선미야, 괜찮을 거야. 오늘 아침부터 너무 더워서 그랬을 수도 있고, 또 컨디션이 안 좋아서 그랬을 수도 있어. 마음 평안히 가지렴."

그리고 이어서 나는 선미에게 한 걸음 더 다가가며 말했다.

"자, 이럴 때는 우리 하나님께 기도하는 것이 우선이야. 그러니까 우리 함께 기도하자. 응? 선미야, 너와 우리 학교, 아무 일 없이 지켜주시고 보호해 달라고 말이야."

나와 선미는 눈을 감았다. 그리고 나는 간절하게 기도를 드렸다.

"하나님, 고등학교 들어와서 첫 중간고사를 치르는 날입니다. 사랑하는 제자 선미가 오늘 열이 너무 높아서 1교시 시험을 치르지 못하고 있는데, 선미를 붙잡아 주셔서 불안하지 않게 해주시고, 또한 열도 속히 내려 주시길 원합니다. 행여나 코로나로 인한 어려움이 발생하지 않게 하나님께서 막아 주시고, 남은 시험 모두 아무 문제없이 볼 수 있도록 속히 회복시켜 주시길 원합니다."

기도는 한동안 계속되었고, 우리는 하나님께서 주시는 평안을 맛보고 있었다.

잠시 후, 선미 어머니께서 오셨다. 얼마나 달려오셨는지 얼굴이 발갛게 익은 상태였다. 서둘러 딸을 데리고 병원으로 가는 어머니의 뒷모습을 보며 마음으로 한 번 더 기도했다. 그리고 잠시 후 선미에게 톡으로 문자를 남겼다.

"선미야. 평안한 마음이기를 기도한다. 괜찮을 거야. ㅠ♡"

선미에게서 답문이 왔다.

"네, 선생님. 지금 진료 다 받고 집에 가는 중이에요!"

"그래, 너무 염려 말고 푹 쉬렴. 널 위해 계속 기도할게"

나는 마음속으로 하나님께 아무 문제없기를 기도했다.


## 평생 잊지 못할 일

두 시간 후에 선미에게서 연락이 왔다.

"선생님, 체온이 35.4도로 내려갔어요!"

나는 속으로 외쳤다.

'할렐루야, 하나님! 감사합니다.'

무엇보다 코로나 확진이 아니어야 한다고 생각했지만 사실 크게 염려되지는 않았다. 염려의 상황은 있지만 하나님께서 이 상황에서도 기도하게 하셨고, 아무 문제없이 해결해 주실 것이라는 믿음이 있었기 때문이다.

다음 날, 기도대로 하나님께서는 선미를 지켜 주셨다. 선미는 코로나 음성 판정을 받은 것이다. 일시적인 현상일 수도 있고, 날이 더워 그럴 수도 있고, 시험에 대한 두려움으로 인한 것일 수도 있다. 열이 많이 난 것에 대한 원인은 여러 가지로 추측해 볼 수 있지만, 정말 감사한 것은 하나님께서 기도하는 사람에게 마음을 주시고, 아이를 위해 기도하도록 했다는 사실 아닌가.

선미는 이번 일을 평생 잊지 못할 것이다. 고등학교 첫 시험 때, 코로나 때문에 첫날 시험을 못 치르는 상황, 그 가운데서 자기를 격려하는 여러 선생님과 기도하는 선생님, 그리고 다음 날부터 아무 문제없이 시험을 치를 수 있게 되었다는 사실을 말이다.

기도는 이론이 아니다. 그저 하나님께 고백하는 것이고, 올려드리는 것이다. 그리고 하나님께서 들려주시고, 보여 주시고, 응답 주시는 것을 기다리는 것이다. 이 사실을 교육 현장의 삶에서 실천하도록 하시는 하나님의 은혜에 감사했다. 선미에게서 기쁨의 카톡이 왔다.

"쌤! 다행히 남은 시험 칠 수 있어서 좋았어요. 음성이라는 문자 받고 너무 기분이 좋았어요. 기도 고맙습니다."

# 15. 넌 소원이 뭐니?

좋은 것으로 네 소원을 만족하게 하사
네 청춘을 독수리 같이 새롭게 하시는도다.
(시편 103편 5절)

학기말 시험이 끝나고 아이들은 비교적 자유로운 시간을 보내고 있었다. 선생님들과 교실에서 영화도 보고, 이야기도 나누고, 책도 읽으면서 말이다. 나는 이렇게 보내는 시간이 아깝다는 생각에 마무리 행사를 준비했다.

속칭 롤링 페이퍼라고 하는 '애정 통신'을 전체 학급 아이들에게 돌리며 쓰게 했고, 담임 선생님께도 감사의 표현을 하도록 했다. 이 시간만큼은 자는 아이가 없다. 물론 몇몇 남학생은 짓궂은 표현을 해서 친구들의 분노를 살 때도 있지만, 이상하게 수업 진도를 나가지 않고 다른 것을 하면 아이들은 기뻐한다.

즐거운 시간이 계속되었다. 그리고 이 무렵, 내가 수업에서 만나는 아이들을 대상으로 편지를 썼다. 한 학급당 30명가량 되는 아이들에게, 짤막하지만 격려를 담은 글을 써서 건네 주면 아이들은 무척이나 기뻐한다는 것을 잘 알고 있던 나였다. 그래서 매번 이렇게 편지를 써 왔다.

하지만 이렇게 일일이 아이들에게 글을 쓰는 일은 쉬운 일이 아니다. 시간이 필요하고, 팔도 아프다. 그러나 사랑에는 수고가 따르는 법이니, 그만큼 결과 또한 기대한 이상으로 넘칠 때가 많다.

### 팬 사인회를 하겠습니다

금년에 아이들을 위한 편지를 쓰던 중 퍼뜩 이런 생각이 들었다. '아이들의 소원을 그 자리에서 써 주면 어떨까?' 꽤 재미있고, 흥미로운 일이라는 생각이 들었다. 나는 붓펜과 자체 제작한 자필 엽서를 준비해서 학급에 들어갔다. 교실에 들어서자마자 여기저기에서 아이들이 외쳤다.

"선생님, 오늘 뭐해요?"

나는 미소를 띠며 아이들에게 말했다.

"아, 오늘은 팬 사인회를 하겠습니다. 선생님의 사인과 축복의 글을 받고 싶은 사람은 나오세요."

나는 농담 반 진담 반 분위기를 띄워 가며 말을 했지만, 사실은 마음속에 간절함이 있었다. 아이들 가운데 어떤 아이들은 좋은 것을 주어도 아예 받아먹지 못할 때가 있다. 무관심과 무기력에 빠진 아이들이 그에 해당된다. 그 아이들이 적극적으로 내 부름에 반응하기를 바랐다. 축복이 잘하고 모범적인 아이만 받는 특혜가 아니라 누구나 받을 수 있는 것이고, 줄 수 있는 것이라는 사실을 느끼게 하고 싶었다. 이 사인회를 통한 축복의 엽서 쓰기도 그러한 맥락이다. 모두가 원하면 받을 수 있는 기쁨과 행복, 그것을 나는 전해 주고 아이들은 누리길 원했다.

사인회 하자는 내 말이 떨어지기가 무섭게 절반 이상의 아이들이 책상 사이로 줄을 서기 시작했다.

"얘들아, 책 볼 사람은 책 보고, 사인받을 사람은 나와서 자기 소원 한 가지씩만 말하렴."

나는 의자에 앉아, 펜을 들고 아이들과 눈을 맞추어 가며 엽서에 글을 써 주었다. 아이들은 매우 즐거워했다. 직접 자기들 눈앞에서 원하는 것을 들어주며 글을 써 주는 선생님의 모습이 아이들 눈에는 매우 놀라워 보인 것 같다. 엽서를 받아 든 아이들은 "우와, 우와" 소리를 연발했다.

이럴 때마다 나는 하나님께 무척이나 감사하다. 글을 지을 수 있는 달란트를 나에게 허락하시고, 글을 예쁘게 쓸 수 있는 소질도 주셔서 말이다. 무엇보다 감사한 것은 아이들과 소통할 때, 나에게 주신 달란트를 최대한 사용할 수 있도록 하시는 것이다. 그것을 사용할 때마다 나를 만드신 하나님, 이 땅에서 사명자로 살아가게 하시는 하나님, 나의 아버지가 되어 주신 하나님께 감사할 따름이다. 그리고 이렇게 하나님의 지혜로 아이들을 격려하게 하시니 감사하다는 기도가 저절로 나온다.

### 애인하고 잘 지내게 해주세요

미영이가 내 앞에 섰다.

"아, 미영이는 어떤 소원이 있니?"

잠깐의 시간이 흐르고, 미영이가 고개를 다소곳이 숙인 상태로 입을 열었다.

"제 애인하고 잘 지내게 해주세요."

나는 순간 잘못 들었나 싶었다.

"응? 뭐라고? 미영아."

미영이가 다시 입을 옴짝였다.

"제 애인하고요, 잘 지내게 해주세요."

"아하, 그렇구나."

나는 엽서에 "하나님, 미영이가 애인하고 잘 지내게 축복해 주세요"라는 말을 포함해서 축복의 글을 썼다. 그리고 웃으며 미영이에게 그 엽서를 건네 주었다. 미영이는 홍조빛 볼을 하며 자리로 돌아갔다.

내가 잠시 미영이의 소원 고백에 놀란 이유는 청소년들이 이제 '남친'(남자친구) 개념이 아니라, '애인'이라는 표현을 쓰고 있다는 점 때문이다. 무척 빠르게 성장하는 우리 아이들, 하지만 어른들이 흉내 내지 못할 순수함과 솔직함이 우리 아이들에게 있다는 것이 청소년들의 향기라는 생각도 든다.

## 인증샷 그리고 카드 연하장

계속해서 엽서를 쓰던 중 서진이가 말했다.

"선생님, 저희랑 인증샷 남겨요."

좋은 생각이라는 생각이 들었다. 나는 글을 써 주고 아이들은 바로 그 엽서를 들고, 나와 함께 사진을 찍었다. 학기말 시험이 끝나고 겨울방학을 앞둔 영훈 고등학교 2학년 한 학급의 훈훈한 풍경이었다.

겨울방학식 날, 교무실 내 책상 위에는 연하장 하나가 놓여 있었다.

> 최관하 선생님께,
>
> 선생님, 안녕하세요. 2학년 2학기때 선생님 수업을 들은 2학년 한미영입니다.
> 선생님을 복도에서 뵌 적은 있지만, 선생님께서 국어 선생님이셨다는 것을 처음
> 수업에 들어오셨을 때 알았습니다. 선생님의 성함으로 정갈하게 써진 시는 학교

축제 때마다 보게 되었는데, 그분이 제가 뵌 분이라는 것은 꿈에도 몰랐습니다.

선생님 수업을 들으면서 국어에 대해 흥미도 생기고, 항상 수업 전에 들려주시던 이야기도 어느 순간부터 기다리게 되었습니다.

제가 맑고 순수한 건지는 잘 모르겠지만, 선생님이 써 주신 문구가 제 마음을 울렸어요. 많이 부족한 학생인데도 좋은 말을 써 주셔서 감사합니다. 3학년 때에도 선생님께 수업을 듣고 싶어요. 선생님, 새해 복 많이 받으세요. 감사합니다.

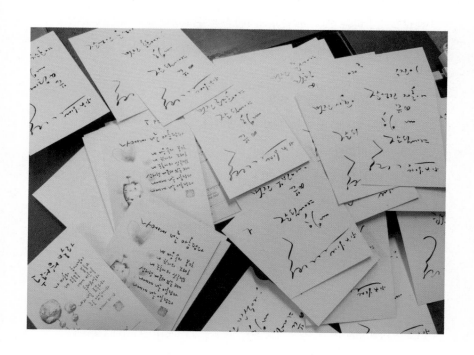

# 16. 가출한 제자

*이것을 너희에게 이르는 것은 너희로 내 안에서 평안을 누리게 하려 함이라*
*세상에서는 너희가 환난을 당하나 담대하라 내가 세상을 이기었노라.*
(요한복음 16장 33절)

어느 날 현이의 담임을 맡고 있는 이 선생님이 찾아와서 현이가 집을 나갔다는 소식을 전했다. 현이는 매우 착하고 말을 느긋하게 하는 아이다. 1학년 초부터 나를 잘 따랐고, 현재도 좋은 관계를 유지하고 있는 아이다. 코로나로 등교 개학이 늦어지니까 수시로 나에게 카톡을 보내오곤 했다.

"선생님, 보고 싶어요. 학교에 가고 싶어요."

많은 제자가 있지만, 현이는 문득문득 더 생각나는 아이였다. 그런 현이가 가출했다는 것이다. 나는 이 선생님에게 물었다.

"현이가요? 왜요? 무슨 일이 있었어요?"

이 선생님의 말씀은 이러했다. 중간고사를 봤는데, 작년보다 성적이 많이 떨어졌고, 그것을 못 참은 어머니가 매일 현이를 닦달했다는 것이다. 그리고 현이는 아침에 학교에 간다고 하면서 중간에 사라졌다는 것이다.

그동안 큰 사고 없이 잘 지내온 아이라 다소 염려가 되었다.

"핸드폰으로 연락해 보셨어요?"

"네, 그런데 현이가 핸드폰을 안 가지고 그냥 뛰쳐나갔다네요."

평소에 말이 없고 생각이 많은 아이가 자신의 감정을 그대로 표출하는 아이보다 위험할 때가 많다. 현이의 소재가 파악이 되지 않는다는 것이 가정에서도 학교에서도 큰 염려로 작용하고 특히 담임 선생님인 이 선생님 입장에서는 얼마나 걱정이 될까 싶었다.

나는 이 선생님에게 말했다.

"선생님, 현이가 지금 어디에 있는지도 모르고, 또 어떤 일을 벌일지도 모르잖아요. 게다가 우리는 어떻게 해야 할 바를 모르고 현이의 소식을 기다려야만 하는 입장이고요. 그러니까 이럴 때일수록 우리가 기도해야 합니다. 하나님께서는 현이가 어디에 있는지, 무슨 생각을 하는지 다 알고 계실 테니까요. 혹시 위험한 상황에 있어도 하나님께서 지켜 보호해 주시길 기도하는 게 우선이라는 생각이 들어요."

## 기도발이 대단하세요

나는 이 선생님과 함께 현이를 위해 기도했다.

"우리를 눈동자처럼 보호하시고 인도하시는 아버지 하나님, 이 시간 사랑하는 제자 현이를 위해 기도합니다. 현이가 어머니와 말다툼 끝에 집을 나가 연락이 되지 않습니다. 하나님께서는 다 아시오니, 현이를 보호하여 주시고 지켜 주시고 학교로, 가정으로 속히 돌아올 수 있도록 도와주시옵소서."

기도를 마치고 이 선생님은 교무실로 갔다. 그런데 5분도 채 안 되어 이 선생님은 다시 나를 찾아왔다. 그러면서 이렇게 말했다.

"선생님, 기도발이 대단하세요. 현이가 전화를 했어요. 집으로요. 어머니 한테서 지금 연락이 왔어요. 현이가 지금 학교로 온다고 합니다."

상기된 표정으로 랩을 하는 것처럼 말하는 이 선생님을 보며 저절로 하나님을 부르는 나를 발견할 수 있었다.

"오~! 하나님, 감사합니다."

다시 이 선생님이 교무실로 돌아간 다음, 현이 어머니께서 학교로 전화하셨다. 사실 현이와 현이 어머니는 작년 5월에 우리 학교에서 진행한, 부모 자녀 소통 캠프에 참여했다. 그래서 나는 현이와 어머니를 어느 정도는 알고 있었다. 그 당시 현이 어머니는 현이의 어눌한 말과 약삭빠르지 못한 성격을 매우 안타까워하셨다. 세상을 살아가는 데 착하기만 해서는 안 된다는 것이 현이 어머니의 지론이었다.

## 서울에 있는 대학에는 가야 하잖아요

현이 어머니는 나와 통화하면서 연신 한숨을 내쉬셨다.

"선생님, 현이가 왜 그러는지 모르겠어요. 제 말을 전혀 들으려 하질 않아요. 공부도 하지 않고요. 적어도 서울에 있는 4년제 대학은 가야 하잖아요. 방금 전화가 왔는데, 가평에 가 있대요. 이 녀석이 무작정 기차를 탄 거예요. 내 말을 들어야 하는데, 어휴."

현이 어머니의 독백 같은 말을 들으면서 현이가 집을 나간 이유를 어슴푸레 짐작할 수 있었다. 현이는 매일마다 대학의 중압감에 시달린 듯했다. 어머니의 말씀에 심한 스트레스를 받고, 그것을 이길 수 없어 아무 생각 없이 기차를 탄 것 같았다.

"선생님, 그래도 현이가 선생님을 잘 따르잖아요. 우리 현이가 학교에 도착하면 상담 좀 해주세요. 네?"

현이 어머니는 아들이 공부 잘하길 바라는 마음과 아이가 무사하길 바라는 두 가지 마음을 나에게 전하고 있었다. 나는 한껏 부드러운 목소리로 말했다.

"네, 그럼요. 현이 어머니. 안 그래도 현이하고 이야기를 나눠 보려고 했어요. 너무 염려마세요. 제가 이야기 잘 나눠 볼게요."

나는 전화로 현이 어머니를 위로하며 기도했다. 성령님께서 주시는 마음으로 한참 기도하던 중인데, 수화기 저 너머에서 울음소리가 들려왔다. 그 눈물에 나의 눈시울도 뜨거워졌다. 하나님께서는 현이 어머니 마음에 위로와 평강, 그리고 근본적인 자녀 사랑을 깨워 주고 계셨다.

### 바람 쐬고 왔어요

"선생님~."

현이가 돌아왔다. 나를 찾아온 현이는 다소 굳은 얼굴이었다. 현이의 얼굴을 대하니 잠시 염려했던 마음이 순식간에 녹아내리는 듯했다. 나는 활짝 웃으며 큰 목소리로 말했다.

"그래, 현이야. 드디어 왔구나. 갑갑해서 바람 쐬고 왔니?"

현이는 배시시 웃으며 특유의 느릿한 말로 대답했다.

"네에~~ 선생님."

"그렇구나, 어디에 갔었니?"

"가평이요. 그냥 기차를 탔는데, 거기까지 갔어요. 아침에 엄마 말 듣고 나왔는데, 그냥 아무 생각도 안 나고 멍해서요. 가다 보니까 그렇게 됐어요."

감사하게도 현이는 안정적으로 이야기를 잘하고 있었다.

"그래, 엄마랑 통화는 했니?"

"네, 엄마가 처음에는 막 뭐라고 야단치시더니, 나중에는 미안하다고 우셨어요. 저도 울었고요. 제가 잘못한 거라서 미안하다고 했어요."

나는 고개를 저었다.

"아니야, 현이야. 그럴 때가 있는 거야. 그래도 이렇게 바람 쐬고 돌아왔으니까 된 거지. 엄마한테 미안하다고도 했다면서! 그럼 된 거야. 앞으로 엄마랑 더 이야기 나누고, 열심히 생활하면 되는 거지."

"네, 선생님."

나와 현이의 대화는 약 한 시간이나 계속되었다. 현이의 마음 상태와 학업과 진로, 꿈과 비전에 대해 이야기를 나누었다. 사실 현이는 열심히 하려고 했는데, 성적이 따라 주지 않았다고 고백했다. 중간고사보다 떨어진 성적을 보고 머니가 노여워하시는 것이 며칠간 계속되었다는 것이다.

"선생님, 저는 사실 대학에 별로 관심이 없어요. 무엇을 해야 할지 아직 정하지도 못했고요. 하지만 대학은 아닌 것 같아요. 그래도 엄마는 제가 공부하기를 원하시니까 하기는 할 거예요."

현이는 스스로 생각을 정리해 가고 있었다. 우리 아이들은 이렇게 현이처럼 자기 삶에 대해 진지하고, 많이 걱정하고 있다. 어른들이 놀랄 정도로 말이다. 그래서 어른들은 아이들의 생각이 정리될 때까지 조금 더 기다려 주고, 부모의 생각과 달라도 인내심을 가지고 들어 주고, 또 필요할 때 같이 대화를 나눌 수 있어야 한다. 부모라는 이름으로 자녀에게 얼마나 많은 것을 강요하고 있지는 않은지 자성해 볼 필요가 있다.

**얼굴이 떠올랐어요**

나는 현이를 붙잡고 기도했다. 앞길을 인도해 달라고 기도하고, 어머니와의 관계도 잘 회복되기를 기도했다. 기도 후에도 현이는 한참 이야기를 했다. 그리고 다소 굳어 있던 얼굴에도 평안함이 가득 묻어나기 시작했다. 현이는 말했다.

"그런데요, 선생님. 가평에 가서 의자에 앉아 있는데, 왜 그런지 선생님 얼굴이 계속 떠오르더라고요. 자꾸만요. 그래서 돌아가야겠다고 결심한 거예요."

이 말을 들으면서 하나님은 '나의 기도를 외면하지 않으시고 들어주셨구나' 하는 생각이 들어 무척 감사했다.

그 후 현이와 어머니의 관계가 많이 좋아졌다는 이야기를 들었다. 현이 또한 예전처럼 학교에 잘 다니게 되었다. 때마다 보호하여 주시고, 살펴 주시고, 인도하여 주시는 하나님께서 현이와 이 가정을 계속 지켜 주시리라 믿는다.

# 17. 하루 제자 영원한 제자

두려워하지 말라 내가 너와 함께 함이라 놀라지 말라
나는 네 하나님이 됨이라 내가 너를 굳세게 하리라
참으로 너를 도와 주리라 참으로 나의 의로운 오른손으로 너를 붙들리라.
(이사야 41장 10절)

2월, 새 학기를 준비하는 분주한 시간을 보내고 있었다. 교무실에는 나와 한 선생님이 함께 있었다. 갑자기 교무실 문이 열리며 김 선생님께서 황급히 나를 찾았다.

"선생님!"

나는 무슨 급한 일이 생겼나 해서 부리나케 일어나 교무실 입구로 갔다. 김 선생님의 두 눈동자가 흔들렸다. 그런데 그 옆에는 눈물이 글썽글썽 맺혀 있는 한 여학생이 서 있었다. 나는 순간 생각했다.

'이 여학생과 관련된 일이로구나.'

나는 이내 미소를 띠며 두 사람에게 말했다.

"선생님, 어서 오세요. 무슨 급한 일이 생겼나요?"

"이 여학생은 이번에 들어온 신입생인데요. 영훈고에 정말 오고 싶었다고 하거든요. 그런데 ……."

김 선생님이 말을 계속하려던 찰나 여학생이 말을 이어갔다.

"선생님, 저 정말 영훈고에 오고 싶었거든요. 그리고 영훈고가 기독 활동이 정말 재미있고 잘 되어 있다는 걸 알아서 저도 열심히 기도하면서 학교에서 하나님께 쓰임받고 싶었거든요. 그런데 학교에 등록하자마자 전학을 가게 되었어요."

이 말을 마치면서 여학생은 울기 시작했다. 이 아이를 데려 온 김 선생님도 눈물을 글썽거렸고, 나 역시 이 상황을 지켜보는 가운데 이미 눈물이 흐르고 있었다. 이 아이의 마음이 진심으로 다가왔기 때문일 것이다. 나는 마음을 가다듬고 말했다.

"그래, 일단 네 이름을 알려 줄래? 그리고 우리 자리에 앉아서 천천히 얘기해 볼까?"

선이라는 이름의 여학생, 선이는 천천히 이야기를 시작했다. 중학교 때부터 이미 영훈고에 대한 이야기를 알고 있었고, 그래서 영훈고에 오게 해달라고 기도했는데, 기도대로 되어서 너무 좋았다는 것이다. 그런데 갑자기 아빠 직장 때문에 전라도 쪽으로 이사를 가게 되어 자기도 어쩔 수 없이 전학을 가게 되었다는 것이다.


## 시골 학교로 널 보내는 이유

영훈고에 오고 싶고, 다니고 싶고, 열심히 하나님을 찬양하며 고등학교 생활을 하고 싶었다는 선이의 간절한 마음이 충분히 내 마음에 전달되었다. 전학을 가야 하는 안타까운 상황이지만 참 귀한 마음을 선이에게 부어 주신 하나님께 진심으로 감사드리며 선이의 이야기를 집중하며 들었다.

김 선생님은 선이를 나에게 맡기고 자기 자리로 돌아갔다. 이후 나는 선이와 한참 이야기를 나눴다.

"제가 전학 가는 학교는 시골에 있어요. 그곳에는 그 학교 하나 있다고 들었어요. 기독교 학교는 아니고요. 영훈고에 다니면서 기도하고 찬양하고 싶었는데, 안타까워요."

고등학교 신입생이면 사실 중학교를 갓 졸업한 아이다. 그런데 아이가 말하는 품새가 중학교를 막 졸업한 아이 같지 않았다. 조리 있게, 그리고 마음을 담아 말하는 선이를 하나님께서 축복하시고, 귀하게 사용하실 것이라는 확신이 들었다. 나는 선이를 보며 미소 지으며 말했다.

"선이야, 네가 영훈고에 일단 오게 된 것을 환영해. 그래서 너는 나의 제자가 되는 거지. 하루지만 영훈고 학생인 거고. 그러니까 선생님들 입장에서는 너와 같은 하루 제자도 영원한 제자가 되는 거야. 네가 어디에 있든지 하나님께서 함께하실 것이고, 또 선생님도 기도하며 격려할 거니까 너무 슬퍼하지마."

선이는 고개를 끄덕이며 내 말을 잘 들었고, 그런 아이를 보며 나는 계속해서 말했다.

"그리고 선이야. 하나님께서 그 시골 학교로 너를 인도하시는 목적이 분명히 있을 거야. 그곳에 가면 기도하는 선생님들, 친구들을 찾아보렴. 그리고 함께 기도하는 모임을 만들면 되는 거야. 기독 동아리나 큐티 모임, 그리고 영훈고처럼 기독교 학교가 되게 해달라고 기도하고, 만약에 아무도 없다면 너 혼자라도 시작하면 돼. 할 수 있겠지? 하나님께서 그런 이유로 너를 그 학교에 보내시는 걸 거야. 그렇게 쓰임받는다는 것이 얼마나 기쁜 일이니? 우리도 영훈고에서 계속 널 위해 기도하며 연락 나눌 테니까, 절대 외로워하지 말고. 알았지?"

## 선이로 인해 복음의 산지가 되리

선이는 고개를 끄덕였고, 어느덧 눈에는 웃음이 가득 번지고 있었다. 나는 내가 쓴 책 「영훈고 이야기」에 사인을 해서 선이에게 선물로 주었다. 그리고 말씀 갈피를 뽑게 한 후 함께 기도했다.

"하나님, 오늘 선이를 영훈고에 보내주신 것 감사합니다. 하루만에 전학가는 상황을 맞이했지만 하나님의 뜻이 있으리라 믿고 의지하는 믿음 주신 것 또한 감사합니다. 더욱이 선이에게 하나님을 사랑하고, 하나님의 일꾼으로 쓰임받고자 하는 소망을 주신 것에 감사드립니다. 새롭게 가서 생활해야 할 학교에서 말씀과 기도로 지내게 하시고, 학교를 위해 기도하고 또 쓰임받는 삶이 되도록 인도하여 주실 줄 믿습니다. 그래서 그 학교가 선이로 인하여 복음의 산지가 되고, 영혼들이 살아나는 학교가 되게 하실 줄 믿습니다. 믿음의 선생님, 기도하는 친구들을 붙여 주실 줄 믿습니다. 우리 역시 영훈고에서 선이를 위해 기도하며 하나님 나라를 소망하고, 그 확장을 위해 나아가는 귀한 동역의 길로 축복하실 줄 믿습니다. 선이를 아름답게 사용하시고 영광 받아주옵소서. 선이의 모든 길을 인도하실 줄 믿고 예수님의 이름으로 기도합니다. 아멘!"

기도를 마친 후 선이의 표정은 매우 밝아져 있었다. 으레 여고생의 눈빛을 한 선이는 발랄하게 말했다.

"선생님, 정말 감사합니다. 열심히 기도할게요. 서울 오면 꼭 영훈고에 선생님 만나러 올게요. 감사합니다."

# 18. 새벽의 기도 요청

이르되 큰 은총을 받은 사람이여 두려워하지 말라 평안하라 강건하라 강건하라
그가 이같이 내게 말하매 내가 곧 힘이 나서 이르되
내 주께서 나를 강건하게 하셨사오니 말씀하옵소서.
(다니엘 10장 19절)

**경진이가 최근 수업 중에 써 낸 글 중 일부분이다.**

성적이나 외모 등 여러 고민으로 자존감이 떨어질 때가 요즘 들어 많아졌다. 그래서 전과 다르게 우울한 감정이 길어졌다. 하지만 오늘 수업 시간 '자화상' 강의를 들으면서 나는 지금까지 내 본연의 모습, 한마디로 내 자신을 살펴보려 하지 않았다는 것을 알게 되었다.

난 매번 남들과 나 자신을 비교했다. 내가 만약 수학 성적이 90점 넘어도 100점인 친구가 옆에 있으면 "난 공부를 못하는 구나"라고 단정지었다. 과연 나는 나를 어떻게 생각하는 걸까?

아마 좋은 쪽은 아닐 거다. 항상 나는 스스로를 채찍질해 왔다. 내 자신이 기대에 못 미치면 좌절하고 절망했다. 사람들은 말한다. 내가 나를 사랑하지 않으면 남

도 나를 사랑하지 않는다고. 처음엔 이 말이 이해가지 않았지만 이젠 이해가 간다. 매번 좌절하고 절망해 봤자 나아질 것은 없다. 넘어질 순 있지만 꿋꿋하게 다시 일어나는 게 중요하다.

이 글을 읽으며 잠시 경진이를 위해 기도했다. 하나님의 위로와 격려가 가득하기를 기도했고, 하나님의 평강이 경진이에게 함께하셔서 학교생활 가운데 동행해 주시기를 간구했다.

1학기 기말고사가 시작되기 이틀 전, 밤 12시가 가까운 시간에 한 아이에게서 카톡이 왔다. 그 카톡의 주인공은 바로 경진이었다. 그날 밤 보내온 카톡의 내용은 이랬다.

선생님, 힘든 일 있으면 언제든 연락하라고 하셔서 이렇게 카톡을 남깁니다. 선생님, 시험 공부하는 게 너무 힘들어요. 압박감이 온몸을 누르는 것 같아요. 이럴 땐 어떻게 하면 좋을까요?

## 기도하고 또 기도하며

나는 매년 초 아이들을 처음 만나는 시간에 내 소개를 하며 아이들에게 내 명함을 돌린다. 연락처를 주면서 고민이나 힘든 일이 있으면 연락하라고 한다. 그래서 내 명함 아래쪽에는 이런 글귀가 적혀 있다.

혼자 고민하지 말고 언제든지 연락하렴.

경진이는 그 글귀에 힘을 얻어 나에게 연락한 것이다. 나는 몇 번에 걸쳐 카톡으로 대화를 이어갔다. 하지만 그것으로는 부족할 것 같아 전화를 걸었다. 경진이는 바로 전화를 받았다. 그리고 약 30분간 대화를 나누었다. 생각보다 경진이의 마음이 많이 힘들고, 염려와 걱정이 많은 상태였다. 나는 전화로 기도해 주었다.

경진이는 교회를 한 번도 다녀본 적이 없고, 가족들 모두 종교가 없다고 했다. 부모님과 오빠와 함께 사는데, 걱정을 많이 하실 것 같아 부모님께는 이런 애기를 깊게 안 한다고 했다. 대화를 하는 중에 "아멘"의 뜻을 물어 봐서 "기도하는 내용에 동의한다는 뜻이야"라고 설명해 주었더니, 기도를 마친 후 바로 "아멘"이라고 했다.

기도를 해주고 나서 통화를 마쳤는데, 조금 후에 다시 전화가 왔다. 경진이는 계속 불안해 했고, 나는 다시 한 번 기도했다.

다음 날, 학교에서 경진이를 만나 잠시 이야기를 나누었다. 경진이에게는 지속적인 관심과 격려가 필요했다. 대화 후에는 성구서표를 뽑게 하고, 격려 엽서를 써 주었다. 그리고 또 기도했다. 이날은 경진이의 학급에 수업을 들어가는 날이었다. 수업을 마치고 나오는데, 경진이가 뒤따라 나왔다. 복도에서 또 잠시 이야기 나누고 기도했다.

기도하는 것을 어색하지 않게 하시고, 언제나 자연스럽게 기도하게 하시는 하나님, 나를 그렇게 만들어 주신 하나님께 무척 감사했다. 하나님께서 나에게 경진이를 보내 주시고, 계속 기도하게 하시는 은혜에 참 감사했다. 경진이가 혼자 외로워하지 않고 나를 의지하게 하시고, 또 길을 열어 주시는 하나님을 기대하게 하셔서 참 감사했다. 이 과정을 통해 하나님께서 경진이의 영혼을 구원하시고, 살펴 주시고 꼭 인도하실 것이라는 확신이 들었다.

경진이에게 지속적인 사랑과 관심이 꼭 필요하다는 생각이 들었다. 하나님이 그 사랑으로 인해 경진이를 꼭 회복시켜 주시고, 열등감과 우울감 등에서 탈출시켜 주시리라 믿었다. 나는 경진이에게 격려의 글을 써서 카톡으로 보냈다.

경진아, 하나님께서 너에게 있는 두려움과 염려, 걱정 다 사라지게 해주시고, 너와 동행해 주실꺼야. 그리고 최고의 컨디션과 평안을 주셔서, 이번 기말고사도 잘 치르게 하시고, 끝까지 함께해 주실 거야. 기도할게. 홧팅하렴.

## 기도 한 번만 더 해주시면 안 돼요?

새벽 4시가 넘은 시각. 휴대전화가 울렸다. 경진이가 전화를 한 것이다. 나는 화들짝 놀라 전화를 받았다.

"선생니~~임. 저~ 마음이 또 힘들어요. 기도해 주실 수 있어요?"

경진이는 그날 아침이면 시작되는 기말고사에 대한 부담감으로 잠을 자지 못하고, 거의 밤을 새우다시피 한 상태였다. 나는 잠시 이야기를 나누고 전화로 기도했다. 기도를 마치니 경진이가 이어서 얘기했다.

"선생님, 기도 한 번만 더 해주시면 안 돼요?"

나는 한 번 더 기도했다. 그리고 격려했다. "힘들면 언제든지 또 전화하라"는 말을 경진이에게 남기고, 나는 잠시 하나님의 강력한 인도하심을 구했다. 하나님께서 경진이에게 임하시는 계획을 이루시길, 내가 이 아이를 잘 감당할 수 있는 힘을 주시길, 경진이와 나에게 하나님의 마음을 부어 주시기를 기도했다. 기도 가운데 하나님께서 경진이를 만나 주시고, 인도하시고, 영광받으실 것이 틀림없다는 확신을 부어 주셔서 참 감사했다.

경진이는 하나님께서 나에게 붙여 주신 한 영혼, 천하보다 귀한 영혼이다.

그래서 인내와 소망을 갖는 것이 매우 중요하다. 하나님께서 경진이를 만나 주시고, 경진이가 영적으로나 육체적으로 회복되게 하시고, 이 시대 하나님을 간증하는 아이로 성장시켜 주시길 기도한다. 항상 영적인 승리로 이끄시는 하나님께 찬양을 올려드린다.

# 19. 예배드리러 꼭 갈 거예요

눈물을 흘리며 씨를 뿌리는 자는 기쁨으로 거두리로다
울며 씨를 뿌리러 나가는 자는
반드시 기쁨으로 그 곡식 단을 가지고 돌아오리로다.
(시편 126편 5-6절)

하나님께서는 2017년 10월 1일자로 나를 영훈고 안에 있는 교회로 옮기게
하셨다. 오륜교회가 학교 안 강당에 교회를 세웠고, 젊은 담임 목사를 파
견했다. 영훈 학교 안 교회 이름은 '영훈오륜교회'다. 학교 안의 소강당에
서 2016년 3월 27일 부활 주일부터 매주 예배를 드리고 있던 상황이었다.

영훈 학교가 기독교 학교로 변화된 것뿐만 아니라 학교 안에 교회가 세
워지게 해달라는 15년 동안의 기도에 하나님께서는 한 치의 오차 없이 응
답해 주셨다. 이 기도는 하나님께서 기뻐하시는 기도이기에 그리하셨으리
라 믿는다.

나는 중고등부 청소년들을 대상으로 오전 9시 예배를 섬기기로 했다. 우
리나라 아이들은 주일에도 학원과 과외 등 바쁜 일정을 보내고 있기에, 일
찍 예배를 드리고 남은 시간을 활용하라고 중고등부 11시 예배와 더불어 하

나의 예배를 더 만들게 된 것이다. 그 예배가 바로 오전 9시 예배다.

## 첫 예배를 드리고

추석 명절 연휴로 긴 시간을 보내고 10월 10일 주일에 영훈고 본관 1층 코이노니아실에서 첫 예배를 드렸다. 교실에서 아이들에게 광고도 하고, 식당에서 나가는 길에는 배너를 세워 두기도 했다. 배너의 내용은 이러했다.

> 이런 영훈고 학생들을 초청합니다.
> 가슴이 답답해요, 외로워요, 비전을 찾고 싶어요, 삶의 의미를 알고 싶어요, 구원
> 받고 싶어요, 베풀며 살고 싶어요 등.
> 이것을 원하는 청소년 누구나. cheer up!

첫 예배 때 영훈고 학생 10명이 참석했다. 이 가운데 1학년은 9명, 3학년은 1명이었다. 또한 남학생은 8명, 여학생은 2명이었다. 한두 명을 제외하고는 교회에 다녀 본 경험이 없는 아이들이었다.

찬양 인도자도 없고, 교사는 나 혼자였다. 하지만 기도 가운데 깨닫게 하신 하나님의 마음은 '나 혼자가 아니라'는 것이었다. 내 안에 계신 성령 하나님이 분명 역사하실 것이고, 하나님의 때에 하나님의 방법으로 여러 동역자를 붙여 주시며 합력하도록 해주실 것이라 믿었다.

마침 어려서부터 교회 생활을 열심히 하는 3학년 수지가 건반 반주자로 섬겨 주었다. 교회에는 나가지 않지만 기타를 무척 좋아하는 우재가 찬양 반주를 하겠다고 해서 더욱 감사했다. 첫 예배에 온 아이들 대부분이 찬양도 잘 모르고, 하나님을 잘 모르는 아이들이지만 하나님께서 주일 이른 아

침에 예배 자리로 불러 주시고, 하나님의 사람으로 세워 가시고 축복하시니 참으로 감사했다.

주중에 학교에서 만난 아이들은 나에게 사과하느라 바빴다.

"아! 선생님. 제가 알람을 켜 놨는데, 끄고 또 잤어요."

"선생님. 죄송해요. 오후 3시에 일어났어요."

"선생님, 갑자기 가족 여행을 가게 돼서요."

"선생님, 같이 가기로 한 친구가 못 간대요. 그래서 저 못가요."

여러 이유를 들어 약속한 예배에 못 가서 죄송하다고 사과하는 아이들이 사랑스러웠다. 솔직하게 자기 상황을 말하는 아이들, 하지만 아이들을 탓할 필요는 없었다. 학교라는 곳은 아이들이 가장 많은 시간을 보내는 곳이다. 그래서 나는 항상 '가정 같은 학교, 가족 같은 스승과 제자'가 되기를 기도한다. 교사들에게 있어 학교가 단순 직장 개념이 아니라, 학생들에게 있어 학교가 공부와 지식만 쌓는 곳이 아니라 서로 사랑으로 어우러지며 하나님의 사랑을 경험하고 그 사랑으로 세상을 살아갈 준비를 하는 곳, 바로 그곳이 내가 하나님의 마음으로 바라보는 '학교'다.

교회에서는 일주일에 한 번 만나는 아이들을 신앙적으로 지도하기가 참 어렵다. 하지만 학교에서는 주중에도 만나고, 이제는 주일에도 만날 수 있으니 얼마나 감사하고 기쁜 일인가. 그리고 무엇보다 학교 아이들을 주님께로 인도하기 좋은 상황이 주어진 것 또한 얼마나 큰 기쁨인가.

## 내가 해야 할 일

두 번째 예배 때는 두 명의 아이가 출석했다. 모닝콜을 해달라고 요청한 아이들이 있어서 학교로 오면서 전화를 했는데 거의 받지 않았다. 그나마 졸린 기색이 역력하게 전화를 받은 아이는 이렇게 말했다.

"선생님, 5분만 누워 있다가 갈게요."

"선생님, 감사합니다. 알겠습니다."

하지만 결국 이 아이 두 명 다 오지 않았다. 잠을 이기지 못하는 아이들, 진정한 안식을 전혀 취하지 못하는 아이들, 그 아이들을 생각하면 어른들이 만들어 놓은 구조 속의 피해자라는 생각에 눈물이 난다.

예배에 온 아이들과 간단한 간식을 나누고, 아이들을 격려했다. 하나님께서는 작지만 결국 큰 공동체로 인도해 주실 것이라고 믿는다. 한 사람 한 사람을 주님께서 만나 주시고, 이 시대의 하나님의 사람으로 귀하게 사용하실 것이라 믿는다. 천하보다 귀한 영혼이 두 명이나 있다는 사실, 그리고 그들과 예배를 드린다는 사실은 나를 감격케 하기에 충분했다. 나 역시 작은 교회에서 그 은혜를 경험하고, 구원받은 사람이기에.

대부분의 아이가 오후에 연락을 해왔다. 그 가운데 한 아이가 이렇게 문자를 보냈다.

"선생님, 죄송해요. 다음 번에는 꼭 갈게요. 기도하러 가야 하는데, 너무 피곤했어요."

교회에도 다니지 않는데 이렇게 고백하는 아이의 마음은 무엇일까? 아니, 하나님께서는 어떤 마음을 이 아이에게 부어 주신 것일까? 분명히 사랑하는 영훈고 제자들의 마음을 주님께서 다 아시리라 믿는다. 그 삶을 아실 것임이 분명하다. 이미 택정하시고, 인도하심이 틀림없다. 그렇다면 내가 할 일은 무엇인가?

매일 아이들의 이름을 부르며 기도하고 하나님의 사랑으로 섬기는 것. 하나님의 때에 하나님의 방법으로 열매 맺어 가실 것이니까 인내와 소망을 가지고 전력을 다해 섬기는 것. 바로 그것이 내가 할 일일 것이다. 열매는 하나님의 몫이니까.

# 20. 세 명이 기도하기 시작했어요

진실로 다시 너희에게 이르노니
너희 중의 두 사람이 땅에서 합심하여 무엇이든지 구하면
하늘에 계신 내 아버지께서 그들을 위하여 이루게 하시리라
두세 사람이 내 이름으로 모인 곳에는 나도 그들 중에 있느니라.
(마태복음 18장 19-20절)

매주 금요일 영훈고에서는 방과 후에 드려지는 기도회가 있다. 1학기에는 '엎드림 기도회', 방학 중에는 '더드림 기도회', 2학기에는 '두드림 기도회'가 있다. 약 15명에서 30명 가까이 참여한다. 기독교 학교라서 정기 채플은 있지만, 하나님을 잘 모르는 아이들 눈높이에 맞추어 채플이 진행되고 있다. 그래서 상대적으로 믿음이 뜨겁고 마음껏 기도하고 싶어 하는 아이들이 모여 예배드리는 것이 바로 이 '드림 기도회'다. 이 기도회는 보통 2시간 이상 진행된다.

코로나와 시작된 드림 기도회, 벌써 4년째에 접어 들고 있다. 2년 전부터는 인근 학교의 아이들도 왔다. 심지어 중학교에서 온 아이도 있었다.

## 삼각산고에 가게 된 이유

은석이는 중학생 때부터 이 기도회에 참석했다. 기타 연주를 하는 아이라서 드림 기도회 찬양 팀 기타 연주자로 섬기고 있다. 평소 은석이는 예배 때마다 이런 기도를 드렸다.

"하나님, 저 영훈고로 인도해 주세요."

함께 기도하는 아이들도 모두 은석이가 그렇게 될 줄 알았다. 아니, 하나님께서 은석이는 당연히 영훈고로 보내 주실 줄 알았다. 하지만 하나님께서는 은석이를 영훈고가 아닌 인근의 삼각산고로 보내셨다. 그럼에도 은석이는 계속해서 이 영훈고 드림 기도회에 함께했다. 그리고 계속 기도했다. 하나님의 뜻을 구하던 중 하나님께서 자신을 영훈고가 아닌 삼각산고에 보내신 이유를 깨달았다.

기도 모임이 없던 삼각산고에 기도 모임을 만들라는 것이었다. 그리고 정식 동아리는 아니었지만 자율적으로 점심시간에 모여 친구들과 함께 기도하는 모임을 만들었다. 아니, 하나님께서 그렇게 인도해 주셨다.

## 어떤 상황이 와도

오늘 은석이와 삼각산고의 세 친구가 영훈고 엎드림 기도회에 참석했다. 아이들과 여러 기도 제목으로 기도하던 중, 세 명의 친구를 가운데 놓고 함께 기도했다. 삼각산 고등학교가 영훈 고등학교처럼 하나님의 사랑이 가득한 학교가 되게 해달라고 기도했다. 그리고 기도하는 학생이 많이 모이길 소망하며 기도했다. 은석이와 친구들을 사용해 달라고 기도했다.

나는 '더작은재단 스쿨처치임팩트'에서 이 아이들을 도와야겠다고 생각했다. 그래서 이 아이들의 기도가 끊이지 않고, 계속될 수 있도록 해야겠다는 마음이 들었다.

"얘들아, 하나님께서 너희의 기도를 다 듣고 계셔. 그리고 여러 친구를 더 붙여 주실 거야. 어떤 상황이 와도 기도가 끊이지 않고 계속되어야 해. 하나님께서 함께하실 거야."

이 말을 전하는 나의 눈에도, 함께 부르짖으며 기도하는 아이들의 눈에도, 감사의 뜨거운 눈물이 흘러내렸다. 하나님께서 영훈고 학생들의 15년간의 기도를 들으시고 기독 학교로 응답하신 것처럼, 삼각산고에도 이 아이들의 기도를 시작으로 놀라운 복음의 역사를 진행하시고, 영광받으실 것이다. 할렐루야! 아멘.

# 21. 구령대에서 기도하고 있어요

너는 내게 부르짖으라 내가 네게 응답하겠고
네가 알지 못하는 크고 은밀한 일을 네게 보이리라.
(예레미야 33장 3절)

나는 영훈고를 퇴임하고 '더작은재단'으로 옮겨 '스쿨처치임팩트' 사역을 하는 중에도, 교사들과 학생들을 만나는 행보를 이어갔다. 교실에서만 아이들을 만나다가 전국의 아이들을 다 만날 수 있는 길이 활짝 열리니 더욱 감사한 일이었다.

S교회를 섬기는 학생들이 각 학교에서 스쿨처치 운동을 수년간 일으키고 있다는 소식을 접했다. 더욱이 코로나 시기에도 굴하지 않고, 학교 곳곳에서 기도하는 아이들이 있고, 그 모임이 지금도 계속되고 있다는 것이다. 교회 차원에서 담임 목사님과 청소년 담당 목사님, 그리고 성도님들, 특히 어머니들이 한뜻으로 학교와 기도하는 학생들을 품고 기도하며 섬기고 있다고 하니, '하나님께서 얼마나 기뻐하실까'라는 생각이 먼저 들었다. 특히 청소년부를 담당하는 K목사님의 헌신과 열정, 수고가 아이들의 각 학교에 좋

은 영향을 끼치고 있었다.

학교 현장에서 기도하는 아이들을 만난다는 흥분이 내 마음에 가득했다. 더욱이 그 아이들을 지도하는 각 학교의 기독교사, 선생님들과의 만남도 예정되어 있어서 더욱 기쁘고 감사했다.

만나기로 한 날은 날씨도 좋지 않고 도착할 무렵에는 빗줄기도 거셌지만, 그것은 전혀 문제되지 않았다. 그만큼 아이들과 선생님들을 만난다는 기쁨이 컸다.

## 혼자가 아닌 함께 걷는 길

이미 10여 명의 선생님들이 한 자리에 모여 있었다. 처음 뵌 분들이지만 몇 분은 내 책을 읽었다고 하시며 반색하셨다. 학교 현장에서 기도하는 선생님들은 깊은 동질감을 금세 형성한다. 하나님 나라의 동역자, 특히 학교에서 기도하고 있다는 사명이 같기 때문일 것이다. 서로 인사를 나누고, 각 학교의 소식을 들었다. 선생님들은 정교사로, 기간제 교사로, 공립 또는 사립학교에서 근무하는 상황이 저마다 달랐다. 퇴임하신 분도 계셨다.

선생님들의 감사와 눈물, 염려와 소망 등이 묻어져 나오는 학교 사역의 이야기를 들으며, 내가 영훈고에서 평생 가졌던 동일한 마음이 확인되어, 순간 눈물이 '핑' 돌았다. 나는 그 자리에 함께 계시는 선생님들을 한껏 격려했다. 그리고 이미 사인해서 준비해 간 내 저서 「영훈고 이야기」와 직접 손으로 한 장씩 쓴 격려 엽서를 선물로 드렸다. 그리고 성구서표 말씀도 뽑도록 했다. 시간이 모자랄 정도로 나눔이 계속되었다. 선생님들을 사용하고 계신 하나님, 그 은혜의 간증이 넘치고 있었다.

그때 우리가 있는 공간까지 아이들의 소리가 들렸다. 하지만 나와 선생님들은 아이들을 만나러 가기 위해 바로 일어설 수가 없었다. 하나님께서 허락하신 시간, 그리고 학교를 품고 기도하며 기독 학생들을 섬기는 선생님들인지라 그 자리에서 나눈 내용으로 짧게라도 함께 기도하는 것이 중요했기 때문이었다.

나는 선생님들께서 나눈 내용을 요약해 기도 제목을 말씀드렸다. 그리고 합심해서 기도를 시작했다. 이내 기도 소리는 커졌고, 나와 선생님들의 눈에서는 부르짖음 가운데 눈물이 흐르기 시작했다. 하나님께서는 기도하는 선생님이 혼자가 아니라 여럿인 것을 알게 하셨고, 새로운 힘을 각자에게 불어 넣어 주고 계셨다. 혼자서 고군분투하며 힘든 길을 걷는 것이 아닌, 예수님과 동행하기에, 함께 기도하는 선생님들이 있기에 충분히 갈 수 있다는 것을 다시 한 번 깨닫게 하셨다.

### 아이들을 사용하시는 하나님

기도를 마치고 옆 강당으로 이동했다. 그곳에는 스쿨처치를 하는 학생 10여 명이 모여 있었다. 이미 담당 목사님께서 진행하고 계셨는데, 고등학생들보다는 중학생들이 많은 듯했다. 아이들은 한 명씩 나와 그동안 자기 학교에서 기도했던 상황을 이야기했고, 그때마다 아이들은 박수를 보냈다.

한 번의 박수로, "짝!"

아이들은 학교에서 기도하며 겪는 어려움, 은혜 등을 나누었다. 서로의 학교 상황을 공유하는 아이들을 보는 가운데, 내 눈에서는 또 눈물이 흘렀다. 어린 학생들이지만, 하나님께서는 당신의 마음을 부어 주시고, 기도하게 하시니 얼마나 감사한지 몰랐다. 아이들의 세상인 학교에서, 빛과 소금으로 살아가고 있는 이 아이들이 결국 '학교 교회' 아닌가, 그렇게 아이들을 사용하시는 하나님께 감사를 올려드리지 않을 수가 없었다. 나는 아이들에게도 성구서표를 선물로 뽑도록 했다. 그리고 격려의 말과 더불어 축복하며 기도했다.

선생님들과 아이들과의 기쁘고 감사한 만남을 다음에 또 기약하고 집에 돌아왔다. 핸드폰을 확인해 보니 이런 내용의 문자가 와 있었다.

> 꺄! 선생님. 안녕하세요? 저는 오늘 봤던 S교회 OO중학교 기독동아리 리더 민호라고 합니다. 저는 올해부터 리더를 맡게 되었습니다. 그러던 중 우울증과 공황 장애 등 많은 어려움이 있었지만, 주님의 힘으로 이겨 내고 있습니다. 저희 학교는 아직 기독교사도 없고, 장소도 없어 학교 운동장 구령대에서 구개월째 기도회를 진행 중입니다. 이런 인연에 닿을 수 있음에 주님께 정말 감사드립니다.

나는 이 문자를 읽자마자 나도 모르게 눈을 감았다. 그리고 한참을 가만히 있었다. 이윽고 내 눈에서는 뜨거운 눈물이 흘러내렸다. 나는 중학생인 민호의 마음을 붙잡고 계신 하나님께 감사 기도드렸다. 육신적인 아픔이 있지만, 주님의 힘으로 이겨 내며 학교를 위해 기도한다는 민호를 위해 중보자로 함께해야겠다는 생각이 나를 지배하고 있었다. 더욱이 기독교사도 없고, 장소도 없이 학교 구령대 앞에서 7개월째 기도하는 민호의 마음이 나에게 절절하게 다가왔다.

이 문자를 보며 20여 년 전 영훈고에서 기도했던 5명의 아이들이 생각났다. 원래는 비기독교 학교였던 영훈고. 학교 안에서 기도하기 어려워 학교 밖 교회를 빌려 기도하다가 하나님께서 그 무렵 나를 만나게 하시어, 학교 음악실에서 학교의 복음화를 위해 함께 기도했던 아이들이 있다. 이 아이들의 기도로 시작되어 15년간 학교 복음화의 기도가 후배들에게 이어졌고, 그 기도를 들으신 하나님께서 영훈고를 포함한 영훈 학원 재단 전체를 기독교 학교로 바꾸어 주셨다. 나는 이 놀라운 역사하심이 생각났다.

민호와 같은 아이들, 이번에 만난 아이들을 통해 하나님께서는 이 땅의 학교를 변화시킬 것이 틀림없다. 우리 아이들의 기도를 통하여 하나님께서는 이 땅의 학교들을 사랑과 기쁨, 구원의 은혜가 가득한 감사가 넘치는 학교로 축복하실 것이다.

나는 민호를 위해 기도했다. 육신적인 어려움이 혹시 어느 정도 계속된다 하더라도 복음의 증인이 되도록 축복해 달라고, 그리고 육신의 회복도 주시어 간증의 고백이 되게 해달라고 기도했다. 또한 하나님께서 함께 기도할 수 있는 기독교사를 붙여 주시길, 기도할 수 있는 장소도 학교 안에 꼭 허락해 주시길 소리 높여 기도했다.

# 22. 아마 졸업할 아이가 없었을 거예요

소망의 하나님이 모든 기쁨과 평강을 믿음 안에서 너희에게 충만하게 하사
성령의 능력으로 소망이 넘치게 하시기를 원하노라.
(로마서 15장 13절)

영훈 고등학교에 2년 동안 특별한 학급이 있었다. 일명 '생활교양반'이었는데, 2015년과 2016년에 3학년에 한 학급씩 있었다.

여러 이유로 학교생활을 가장 힘들게 할 수밖에 없었던 아이들, 아니 학교생활뿐만 아니라 청소년 시절의 삶 자체가 고민이 많아 다소 돌발성이 많았던 아이들. 속칭 세상은 이런 아이들을 '문제아'라고 하지만 하나님께서는 천하보다 귀한 아이들로 보시고, 한 학급을 만들도록 인도하셨다.

하나님께서는 기도하는 나에게 자원하여 이 아이들을 담당하도록 마음을 주셨다. 그 후 사고가 없는 날이 없었지만, 하나님께서는 이 아이들을 만나는 가운데 인내와 소망의 마음을 가득 부어 주셨다. 그리고 한 번도 화내지 않고 이 아이들을 잘 감당케 하셨다. 결국 각각의 아이들에게, 그리고 우리 학급에 많은 간증을 주시며 이 아이들을 회복시켜 주셨다. 하나님께서는

이 아이들의 회복 이야기를 한 권의 책으로 출간하게 하셨다. 그 책의 이름은 「울보 선생의 특별한 학급 이야기」다.

생활교양반 첫 해에 만났던 우리 아이들은 부적응이 매우 심했다. 그 아이들을 감당하느라 온종일 시간을 써도 모자랐다. 새벽에도 일을 해결하러 나가야 했던 때도 종종 있었다. 하지만 100가지 중 99가지가 망가져 있더라도 한 가지의 장점과 은사는 꼭 하나님께서 주셨기 때문에 그것을 찾아 격려하는 가운데 하나님께서는 아이들을 한 명 한 명을 회복시키셨다.

### 나를 찾아온 아이들

2020년 1월을 지나며 코로나가 극성을 부리기 시작했다. 개학을 연기할 수밖에 없는 환경이 조성되었다. 그 무렵, 생활교양반이었던 소미로부터 연락이 왔다. 소미는 항상 아이들을 챙기고, 연락을 도맡았던 아이다.

"선생님, 저희 한 번 찾아뵈려 하는데, 언제가 좋을까요?"

나는 속으로 이런 생각을 했다.

'아니, 코로나로 비상인데. 요즘? 이런 때?'

그러면서도 아이들이 무척 보고 싶었다. 생각해 보니, 이 아이들이 졸업한 후, 딱 한 번 내 생일 때 만나고 그 이후에는 보지 못했다. 나는 오랜만에 온 소식이라 매우 반가웠다.

"근데 소미야. 코로나로 비상시국인데, 괜찮을까?"

소미는 웃으며 말했다.

"아이들이 많지 않아요. 그리고 마스크 꼭 하고 갈게요. 지금 지나면 또 언제 뵐지 몰라서요."

3월 1일 주일, 아이들은 4시쯤에 나를 찾아왔다. 찾아온 아이들은 당시 학급 회장을 맡았던 승윤이, 연락책을 담당하는 소미, 소미의 절친 수진이, 그리고 군대를 제대한 종훈이, 준영이 이렇게 다섯 명이었다.

## 긴 터널을 통과한 아이들

아이들은 학교를 다닐 때와 별반 다르지 않았다. 워낙 거칠게 살고 자유분방하게 놀던 아이들인지라 화장이나 옷이 크게 달라진 것은 없었다. 다시 말하면, 고등학교를 다닐 때 이미 성인처럼 하고 다녔다는 말이다. 다만, 변한 것은 대화의 폭이 넓어졌고, 깊어졌고, 실제적인 삶에 대해 진지하게 생각하는 청년들로 변했다는 것이다. 회사도 다니고, 아르바이트도 하고, 군대를 제대한 후, 열심히 살고 있었다. 보통의 청년들처럼 미래에 대한 고민을 품고 있다는 것을 대화 중에 알게 되었다.

어느덧 24살이 된 아이들을 보며, 고3이었던 그때 하나님께서 나에게 부어 주셨던 마음과, 아이들과 지냈던 삶이 주마등처럼 스쳐 지나갔다. 그저 감사하다고 말할 수밖에 없는 지난 날들이었다. 아이들도 마찬가지였다. 사고도 많았고, 힘겨운 일도 많았지만, 인내 가운데 긴 터널을 통과했을 때의 즐거움을 나누는 시간은 매우 감사하고 행복한 시간이었다.

종훈이가 나를 보며 말했다.

"선생님, 그때 선생님이 담임 선생님이 아니었으면 저희가 어떻게 됐을지 모르겠어요."

이 말이 끝나자마자 준영이가 활짝 웃으며 이렇게 말했다.

"맞아요, 선생님. 선생님 아니었으면 우리 반에 졸업할 애들이 별로 없었을 거예요."

# 23. 심장병 제자에게 임하시는 하나님

너희 중에 고난 당하는 자가 있느냐 그는 기도할 것이요
즐거워하는 자가 있느냐 그는 찬송할지니라
너희 중에 병든 자가 있느냐 그는 교회의 장로들을 청할 것이요
그들은 주의 이름으로 기름을 바르며 그를 위하여 기도할지니라.
(야고보서 5장 13-14절)

언젠가 민이가 찾아와 자신의 이야기를 한 적이 있다. 본인이 심장병을 갖고 있다는 것과 아버지도 심장병으로 오랜 세월 투병 중이라는 사실이다. 그래서 자신과 아버지의 병 때문에 빚도 몇 억대라는 사실을 말해 주었다.

이야기를 나누던 중 무엇보다 내 마음에 아픔으로 다가온 것은 민이가 버스비를 아끼려고 학교를 걸어 다닌다는 것과 급식을 먹지 않는다는 것이었다. 적은 금액이지만, 절약해서 어머니에게 드린다고 했다. 그래서 나는 안타까운 마음을 가슴에 안고, 민이에게 이렇게 말했다.

"민이야, 네 마음이 참 기특하고 놀랍다. 그런데 생각해 봐. 네가 30분 정도의 거리를 걸어 다니거나 점심을 먹지 않다가 건강에 이상이 생기면, 더 큰 돈이 들고, 부모님도 더 힘들지 않을까? 그러니까 먼저 네가 정상적으로 생활을 하면서 한 가지씩 할 수 있는 것부터 노력하는 게 좋을 것 같아."

마음 착한 민이는 내 이야기를 잘 들어주었다. 그리고 그렇게 하기 시작했다. 버스비는 내가 지원하고, 급식을 안 먹을 거면 나를 찾아와서 준비해 놓은 간식이라도 먹도록 했다. 그 후 민이는 대중교통을 이용해 등하교를 잘하고 있다고 하며 이따금 나를 찾아왔다. 나는 민이를 위해 기도하고, 하나님의 인도하심을 구했다.

## 후원자들을 붙여 주시고

그 당시 나는 민이에 관한 이야기를 간증으로 써서 기도해 주시는 동역자들과 공유했다. 그 글을 읽은 동역자들께서는 민이를 후원하고 싶다고 하셨고, 나는 민이의 계좌를 그분들에게 알려드렸다. 그리고 매월 100만 원이 넘는 후원금이 민이에게 가고 있다는 사실을 민이를 통해 전해 듣게 되었다.

그리고 민이는 영훈고를 졸업했다. 그 후 K대학교의 세무학과에 입학했다는 소식에 얼마나 기뻤는지 모른다. 민이와 가족들 역시 무척 기뻐했다. 민이의 할머니께서는 직접 나에게 전화를 하셨는데, 눈물이 수화기 너머로 보일 정도로 연거푸 감사의 말씀을 전하셨다. 어려운 상황이지만, 기도하는 할머니, 부모님, 그리고 민이와 동생을 하나님께서 한껏 축복해 주심에 감사했다.

하지만 한순간에 다 해결되기 어려운 빚 때문에 물질적 어려움은 계속될 수밖에 없었다. 무엇보다 이 가정에 필요한 것은 기도와 격려였다. 하루하루, 순간순간 감사의 마음을 가지고 버티며 살아가는 것 말이다. 민이를 잘 알지 못하는 후원자들이 사랑의 마음을 가득 담아 기도와 물질로 민이의 가정에 힘을 넣어 준 것에 지금도 감사를 드리지 않을 수 없다. 섭리 가운데 인도하시는 하나님께 찬양과 영광을 올려드릴 뿐이다.

## 찾아뵙고 싶어요

3월 어느 날, 민이에게서 연락이 왔다. 나를 찾아오고 싶다는 말이었다. 그리고 약속된 날, 민이는 학교로 나를 찾아왔다. 오랜만에 본 민이의 모습은 한결 좋아 보였다. 나는 그 어느 때보다도 밝아진 민이를 보고 화들짝 놀라며 반갑게 말했다.

"이야~ 민이야. 얼굴 좋아 보이는데, 건강은 어떠니?"

민이는 미소를 띠며 말했다.

"괜찮아요, 선생님. 저 이제 대학교 2학년 돼요. 졸업반이에요. 금년에 실습도 가고요. 이번에 졸업하면 바로 취직하려고요. 그 전에 선생님 꼭 뵙고 말씀 나누고 싶어서 찾아왔어요."

힘 있게 말하는 민이를 보며 "하나님 감사합니다"라는 고백이 내 입에서 저절로 나왔다.

"그렇구나. 생각할수록 참 기특하다. 아빠는 좀 어떠시니?"

"네, 아빠도 정기검진 받으시면서, 괜찮게 지내세요. 저도 그렇고요."

"그래, 하나님께서 너와 네 가정을 기억하시고, 끝까지 인도하실 거야. 힘 잃지 말고 열심히 기도하면서 네 삶을 열심히 살아가면 되는 거야. 알았지?"

"네, 선생님."

민이와의 대화 중에 동생이 이번에 영훈고 신입생으로 들어왔다는 사실도 알게 되었다. 그리고 재학 시절 후원했던 분들 중 몇 명은 지금도 계속 후원을 이어간다는 소식도 들었다. 나는 근 3년 이상을 후원하는 분들이 누구인지 알지 못하지만, 참으로 감사한 마음이 들었다. 기도하면서 물질로 후원하는 분들의 마음에 힘입어 민이 역시 멋진 하나님의 일꾼으로 성장할 것이고, 또 하나님께서 민이를 베풀며 사는 인생으로 끝까지 사용하시리라 믿는다.

나는 민이와 함께 앞길을 인도하시는 하나님께 감사 기도를 드렸다. 민이는 나와 대화를 마치고, 고3 때 담임 선생님을 뵙고 가겠다고 했다.

그날 밤, 민이의 고3 때 담임이었던 유 선생님께서 나에게 이런 문자를 보냈다.

"샘~~, 민이와 만나서 이야기 나눴습니다. 감사합니다. 건강해지고 잘 큰 거 보고 너무 기뻤습니다. 모두 샘 덕분입니다!"

# Part 2
## 믿음의 씨앗을 심는 교사 사명자

"선생님! 저는 아이들에게 복음을 전하고 싶어요. 복음을 잘 전하고 싶은데, 용기가  나지 않아요. 학교 구성원들도 두렵고, 요즘엔 제도나 법도 기독교에 우호적이지 않잖아요. 아이들도 믿지 않는 아이들도 많고요.

그런데도요. 아이들에게 복음을 전하라는 마음을 계속 주시는 거예요. 사실 제 몸도 좋지 않거든요. 하지만 무엇보다 자꾸 학교에 있는 아이들에게 복음을 전하여야 한다는 마음을 주시는데, 자꾸 핑계만 대고 그렇게 하지 못하는 것 같아서 하나님께 너무 죄송해요. 더욱이 이제 정교사까지 되게 해주셨는데. 선생님, 하나님의 뜻이 무엇일까요? 제가 이렇게 그냥 있으면 안 되겠지요? 어떻게든 아이들에게 복음을 전하는 선생님으로 살고 싶거든요."

이 선생님의 이야기를 듣는 내 눈에서도 어느덧 눈물이 흘러내리고 있었다.

# 24. 목숨 건 사명자, 일어나는 아이들

내가 또 주의 목소리를 들으니 주께서 이르시되
내가 누구를 보내며 누가 우리를 위하여 갈꼬 하시니
그 때에 내가 이르되 내가 여기 있나이다 나를 보내소서 하였더니.
(이사야 6장 8절)

7월 말, 유난히 뜨거운 여름이 계속 되고 있었다. 사람들은 피서를 떠나고 가족 여행을 떠나는 시기다. 또한 하나님을 믿는 청소년들이 은혜받기 위해 수련회를 가는 때다.

이렇게 방학 때가 되면 나와 같은 청소년 사역자들은 집에 거의 들어가지 못한다. 수련회에 참여한 아이들을 만나기 위해서다. 하긴 방학이 아닌 평상시에도 사명자들은 시간을 쪼개고 쪼개어 하나님께서 가라고 하시는 곳에 갈 수밖에 없는 삶을 살고 있다.

"누가 나를 위해 가겠는가?"라는 하나님의 음성에 반응했던 이사야는 이렇게 말했다. "제가 여기 있나이다! 저를 보내소서"(사 6:8). 이렇게 고백하며, 주신 사명을 감당할 수밖에 없는 것이 하나님 나라에 목숨 건 사명자들의 외침이다.

내가 청소년들을 붙잡고 기도하기 시작한 것은 1997년부터다. 근 20년 가까이 아이들과 기도하며 지내왔다. 그동안 하나님께서는 아픈 아이를 회복시키시고, 무너진 가정의 아이들에게 힘을 주시고, 실의에 빠진 아이들을 기도 가운데 격려하고 비전도 주셨다. 그리고 아이들을 믿음의 사람으로 만들어 주시며 기도의 기적을 경험하게 하셨다. 이 모든 일을 가능케 하신 하나님은 순종하는 하나님의 사람들을 통해서 일하셨다.

엘리야의 제자로 엘리사를 세우시고, 바울 이후에 디모데를 세우시고, 예수님께서도 12명의 제자를 세우셨다. 이 땅에 예수 그리스도가 다시 오실 때까지 이 대물림의 사역은 계속될 것이다. 그래서 지금 남겨진 사명자인 나도 부족하지만 이 사명을 감당하고 있는 것이다.

30대 중반부터 시작한 20여 년의 청소년 사역, 이번 여름에도 여전히 아이들을 만나게 하시는 기쁨을 누리고 있다. 1박 2일의 집회를 인도하며, 연속 5-6시간을 아이들과 뛰며 찬양 드리는 열정을 더하시니 하나님께 참 감사할 따름이다.

## 순종의 사람들을 사용하시는 하나님

금년에는 특히 아이들을 만나는 것뿐만 아니라 하나님의 마음을 품은 여러 젊은 사역자를 만나게 하셔서 참 감사했다. 그들이 다음 세대의 중심 사역자들이기 때문이다. 나는 그들을 만날 때마다 이렇게 말했다.

"길게 가세요."

젊어서 반짝이는 스타 같은 청소년 사역자가 아니라 하나님의 음성 앞에 끝까지 묵묵히, 그리고 겸손히 순종하는 사역자가 되기를 소망하며 기도했다. 부족하지만 하나님께서는 순종하는 사람을 사용하신다는 것을 알기 때문이다. 수십 년을 감당하는 사역자뿐만 아니라 나이가 많으나 젊으나 관계없이 어린 청소년들도, 하나님은 순종하는 사람을 찾아 사용하신다. 이들은 모두 '하나님의 사람'(딤전 6:11)이기 때문이다. 땅에 발을 붙이고 살지만 하나님 나라를 생각하며 하나님께서 원하시는 구원의 복음을 들고 섬기는 순종의 사람들을 통해 일하시기 때문이다.

금년에는 유난히 전국의 기독 학생들이 꿈틀대고 있다. 작년보다 재작년보다 더 꿈틀대고 있다. 이 현상은 무엇을 말하는 것일까? 동성애, 이단……이런 세상의 소음들, 하나님의 진리에 대항하는 이런 현상들 속에서 하나님의 말씀을 듣고 일어서는 영적 근성을 가진 아이들이 믿음으로 일어서고 있다는 말이다. 현장에서 기도 모임, 성경 공부 모임 등을 만들어 가고 있다.

2000년대 '국기 게양대 기도 운동'으로 학교에서 기도 모임이 일어난 이후, 많은 학교가 침체되어 있었다. 하지만 현재 기도하는 하나님의 아이들이 다시 일어서고 있음을 강하게 감지한다.

서울 강북의 S고에서 두 학생이 기독 동아리 결성을 놓고 기도했고, 하나님께서는 일 년 후 그 학교에 기독 동아리 모임을 만들어 주셨다. H고에서는 한 명의 여학생이 기도했다. 자기 학교에 기독 동아리와 신우회 모임 만들어 달라고 말이다. 하나님께서는 이 기도에도 응답하셨다.

## '코람데오' 기독 동아리

내가 몸담고 있는 재단에 영훈 국제 중학교가 있다. 이제 5년 된 국제 중학교에 '코람데오'라는 기독 동아리가 있다. 이 기독 동아리의 시작에 하나님의 부름을 받은 이예원이라는 한 여학생의 기도가 있었다. 이 아이는 초등학교 6학년 때 혼자 기도했다.

"하나님, 제가 가는 중학교가 기독교 학교가 아니라면, 기독 동아리를 허락해 주세요. 기도 가운데 '코람데오'라는 동아리 이름도 주셨잖아요."

그리고 예원이는 영훈 국제 중학교 1기로 입학했다. 입학 후 계속 기도하던 중 예원이는 나를 찾아왔다. 나는 무척 감사한 마음에 이 아이를 붙잡고 진심으로 감사 기도를 드렸다. 1년 후 하나님께서는 코람데오 기독 동아리를 국제 중학교에 허락하셨다.

한 학생의 눈물의 기도를 하나님께서는 외면하지 않으시고, 놀랍게 응답하신 것이다. 하나님께서는 이미 우리뿐만 아니라 기도하는 아이들을 사용하고 계셨다. 하나님의 마음을 알고 사명자적 마음을 가지고 나아간다면 하나님은 우리 아이들을 통해 더욱 놀라운 일을 이루실 것이다. 각 교회의 아이들을 키우고 세상으로 파송해야 한다. 이미 하나님께서는 우리 아이들을 사명자로 부르셨기 때문이다.

*제 십자가를 지고 나를 따를 것이니라*(눅 9:23).

지금은 십자가를 지고만 있을 때가 아니다. 기도하며 움직일 때다. 우리 사명자들이 먼저 움직이고, 믿음의 부모들이 움직이고, 아이들이 움직이도록 기도하며 격려해야 할 때다. 십자가를 지고 그대로 있으면 눌리게 된다. 그리고 힘겹다고 호소만 하게 된다. 십자가를 지고 나아가야 한다. 그래야 나도 살고, 우리 아이들도 살고, 죽어가는 이 땅의 이웃들도 산다. 오늘도 생명을 주신 하나님께서 복음의 도구로 살아가게 하시니 감사하다.

# 25. 작은 씨앗이 되어 주셨어요

내가 내 언약을 나와 너 사이에 두어
너를 크게 번성하게 하리라 하시니.
(창세기 17장 2절)

전혀 예상치 못했을 때 반가운 사람을 만나거나 소식을 듣게 되면 무척 기쁘다. 더욱이 나처럼 교사로 살아가는 사람에게 오래전의 제자 소식을 듣는 것은 매우 즐겁고 반가운 일이다.

요즘은 SNS가 많이 발달되어 있어서 페이스북 같은 통로로 사람들을 만나게 된다. 물론 원치 않는 사람이 나를 발견한다든가 또는 내가 알게 된다든가 하는 경우도 있지만 관계가 좋은 사람과 오랜만에 만남을 갖게 될 경우 그 기쁨은 말할 필요가 없다.

## 반가운 제자의 소식
내 페이스북에 다음과 같은 편지가 올라왔다.

선생님, 그간 안녕하셨나요? 저 기억하실지 모르겠지만 영훈고 졸업생 광민입니다. 선생님은 제가 고3때 제 담임 선생님이셨고요. 졸업 후 연락 한 번 못 드리다 갑작스레 연락드려 죄송합니다. 우연히 선생님 페이스북을 보게 되어 이렇게 짧게나마 인사드리려 합니다. 참 무심하고 못난 제자를 용서하세요. 선생님께서 제가 고3 때 당시 제 진로(연극영화과)에 대해 진지하고 적극적으로 도와주시고 관심 가져 주셨던 것이 떠오릅니다. 실기 시험 보러 가는 날이면 어김없이 전화하셔서 기도해 주시곤 하셨죠.

## 편지는 계속 이어졌다.

당시 제겐 믿음이 없었는데도 말예요. 선생님, 전 열심히 노력했던 만큼의 결과를 얻지 못해 재수를 하게 되었고, 너무 큰 실망감과 선생님에게 죄송한 마음 때문에 대학 합격 후 연락드리려 했지만, 세월에 묻혀 그때의 머뭇거림이 오늘까지 이어져 버렸네요. 정말 죄송합니다. 지나온 시간들 속에 제게 너무나 많은 일이 일어났습니다. 그중 가장 큰 변화는 제가 주님을 영접하고 현재 선교사로 살고 있다는 것이지요.

제게 예수님에 대한 작은 씨앗을 심어 주신 분이 선생님입니다. 너무나 감사드립니다. 직접 찾아뵙고 말씀드리고 싶었는데 용기가 나지 않아 이렇게 페이스북을 통해서라도 마음을 전하고 싶습니다. 아직 영훈고에서 교직을 이어가고 계신지요? 만나 뵈려면 어찌해야 하는지 알려 주세요. 꼭 찾아뵙고 제 안에 주님께서 행하신 일들을 나누고 싶습니다.

선생님, 다시 한 번 너무나 감사드리고 뜬금없이 연락드린 못난 제자를 용서하세요. 존경합니다. _제자 용광민.

# 정말 큰 축복

2006년, 나는 영훈고 3학년 2반 남학생 학급의 담임 교사였다. 그때 광민이가 우리 반 학생이었다. 광민이는 키가 작고 눈빛이 반짝거리는 꽤 잘 생긴 아이였다. 연극영화과로 진로를 정하고 열심히 노력하던 아이였다. 아이들과도 관계가 좋았고, 더욱이 우리 반 아이들이 돌아가며 썼던 모둠 일기에 광민이는 자기가 앞으로 이루어 나갈 꿈을 이렇게 적어 놓았다.

> 난 배우가 꿈이란다. TV에 나오는 그런 연예인보다는 관객들과 호흡할 수 있는 연극배우, 뮤지컬 배우가 꿈이야.

하지만 광민이는 대학 진학에 실패했다. 그리고 그동안 아무런 연락이 없었다. 그런데 그동안 예수님을 영접하고, 선교사가 되었다니. 하나님의 섭리와 인도하심, 그리고 응답하심에 감사했다.

믿지 않는 아이들과 무작정 기도할 수 없는 학교 현실, 하지만 하나님께서 일하시면 못할 것이 없기에 기도하게 하시며 때에 따라 열매 맺어 가시는 하나님을 광민이를 통해 다시 한 번 발견하게 하시니 얼마나 감사한지 모른다.

광민이는 자신에게 예수님에 대한 작은 씨앗을 심어 준 사람이 나라고 했다. 나는 이 부분을 읽으며 가슴이 울컥했다. 그리고 하나님께 감사 기도를 드렸다.

예전이나 지금이나 학교에 복음의 씨앗을 뿌리게 하시는 하나님께 더욱 감사했다. 또 한 명의 광민이가 오늘도 있고, 내일도 있기에 한시도 소홀히 할 수 없다. 그 사명을 불어넣어 주심에 감사할 따름이다.

그렇다. 우리가 나아가는 길은 생명을 살리는 일이다. 주신 지식만을 전달하는 지식 전달자에서 벗어나 영혼을 살리는 사명자로 기도하는 교사들이 섬기며 나아가야 한다. 그렇게 살게 해달라고 기도해야 한다. 그래서 이렇게 말할 수 있다.

"교사로 산다는 것은 정말 큰 축복이다. 기도하는 교사로 사는 것은 하나님의 마음을 품은 교사 사명자로 사는 것이기에 더욱 큰 축복이다."

믿음은 필요할 때만 하나님을 찾는 것이 아니라 하나님께서 지금 나에게 무엇을 원하시는지 알고 듣고 행할 줄 아는 것이다. 이런 믿음으로 나아가는 교사 사명자이길 소망하며 다시 한 번 기도한다.

# 26. 찾아온 제자와 두 딸

그러나 내가 나 된 것은 하나님의 은혜로 된 것이니
내게 주신 그의 은혜가 헛되지 아니하여 내가 모든 사도보다 더 많이 수고하였으나
내가 한 것이 아니요 오직 나와 함께 하신 하나님의 은혜로라.
(고린도전서 15장 10절)

어느 토요일이었다. 학교에 있는데 옛 제자인 나은이가 나를 찾아왔다. 그런데 혼자 온 것이 아니었다. 제자는 어린 두 딸, 예은이와 예주를 데리고 찾아온 것이다. 어느덧 30대 중반의 나이가 된 제자와 딸들을 맞이하며, 나는 그동안의 시간을 반추하게 되었다.

나은이는 2,000년대 초, 하나님의 인도하심을 구하며 열심히 기도하는 제자 중 한 명이었다. 졸업 후 서울에 있는 대학, 생명공학과에 진학했고, 현재 모 단체 연구원으로 일한다고 했다. 나은이는 학생 시절 자신의 기도가 놀라운 하나님의 응답으로 나타나 자신의 모교가 기독교 학교가 된 것에 대해 많이 놀라고 있었다.

"선생님이 그때 기도하자고 하시니까 아이들하고 학교를 위해 최선을 다해 눈물로 기도한 것뿐인데, 정말 이렇게 기독교 학교로 변한 것이 참 놀라

워요. 하나님께서 정말 놀랍게 역사하셨어요."

나은이는 유치원에 다니는 어린 두 딸에게도 감격의 목소리로 설명했다.

"이 학교가 엄마가 다니던 학교야. 그런데 엄마가 학생 때 기도를 많이 해서 하나님께서 이렇게 기도하는 하나님의 학교가 되게 해주셨어."

사진첩을 꺼냈다. 마음먹고 사진을 살펴보지 않는 한, 요즘에는 사진첩을 보기가 쉽지 않다. 나도 나은이도 그 당시 활동했던 아이들의 기억을 더듬으며 사진을 살펴보았다. 두 딸도 자기 엄마를 사진 속에서 찾기 시작했다.

"앗, 엄마다."

신기하게도 자기 엄마의 여고 시절 모습을 찾아내는 딸들, 참 놀라웠다. 사진이 수백 장이었다. 그 당시 수시로 아이들과 사진을 찍었고, 또 앨범에 넣어 두었던 것이 이렇게 좋은 추억을 새길 수 있는 도구가 되어 감사했다. 한동안 나와 나은이는 예전의 기억을 떠올리며, 여러 이야기를 나누었다.

"선생님, 저는 대학 선교 단체에서 활동했지만, 고등학교 때만큼 기도한 적은 없는 것 같아요."

그랬다. 나은이가 학교 다닐 때는 영훈고가 비기독교 학교였던지라 기도와 예배 드릴 여건이 조성되어 있지 않았다. 하지만 창고 같은 학교의 한 공간에서 일주일에 두 번의 예배와 고3 기도회, 점심 찬양 기도회, 아침 기도회 등 기도 활동을 해온 것이다.

상황과 여건을 탓하지 않고 하나님께 매달리며 나아가는 학생들 가운데서 나은이는 단연 리더로 섬겼고, 나은이와 아이들의 기도의 눈물과 목소리를 하나님께서 기뻐 받으셨다.

## 두 딸의 찬양 소리

나는 나은이와 두 딸을 영훈고 채플이 진행되는 소강당으로 안내했다. 나은이는 강당에 들어서자마자 의자에 앉아 감사 기도를 드렸다. 그때 나은이의 딸들은 이내 무대에 올라가더니, 갑자기 찬양을 하기 시작했다.

"나는 하나님을 예배하는 예배자입니다."

또랑또랑한 예은이와 예주의 목소리가 큰 강당을 가득 채웠다. 이윽고 나의 눈시울이 뜨거워졌다. 그것은 참 하나님의 은혜였다.

기도하던 제자가 두 딸을 데리고, 학교 때 기도의 씨앗을 뿌렸던 곳에 와서 기도하고, 두 딸은 그곳에서 찬양하는 모습은 참으로 아름다운 하나님의 걸작품이었다. 두 딸은 단상을 뛰어다니기도 하고, 춤을 추기도 했다. 이 모습을 보며 본인의 믿음을 지킬 뿐만 아니라 믿음으로 딸들을 키워 가는 제자 나은이가 참으로 대견스러웠다.

"그런데, 선생님. 사실 요즘 고민이 있어요. 아이들을 어느 학교에 보내야 할지 모르겠어요. 요즘 학교가 영적으로 많이 어렵잖아요. 무엇보다 신앙 교육이 우선이니까, 그렇다고 세상 교육과 단절되는 것도 좀 그렇고요."

나는 웃으며 말했다.

"당연히 아이들이 성장하면 교육을 어떻게 시킬까가 가장 큰 고민이 될 거야. 요즘에는 일반 학교만이 아니라 대안 학교도 있고, 홈스쿨링도 있고, 해외로 나가서 공부하는 등 다양한 방법이 있으니까, 일단 기도하며 찾아보렴. 필요하면 나도 아는 대로 조언해 줄게."

나은이는 미소를 띠며 고개를 끄덕였다.

## 영적 자양분이 된 말씀

소강당을 나와 운동장을 거닐었다. 그리고 화단이 있는 나무 밑에서 서늘한 바람을 맞으며 이런저런 이야기를 나누었다. 두 딸은 철봉 밑에 있는 모래를 발견하고는 달려가 모래를 가지고 놀기 시작했다. 이 모습을 보니 참 평화롭다는 생각이 들었다.

잠시 나은이와 두 딸을 놀게 하고, 나는 학교 옆 숭인 시장으로 갔다. 예전에 아이들과 잘 가던 분식집에서 떡볶이와 순대, 그리고 튀김을 샀다. 그것을 가지고 코이노니아실로 와서 나은이와 딸들과 함께 먹었다. 나은이가 이렇게 말했다.

"선생님은 변한 게 전혀 없으신 것 같아요."

"그러니? 정말? 하하하, 그때나 지금이나 상황은 바뀌어도, 기도하고 하나님이 기뻐하시는 일을 하는 것은 천국 갈 때까지 우리가 가져야 할 사명이니까, 그렇지 않니? 하하하."

오랜만에 찾아온 제자, 그리고 두 딸에게 하나님께서 주시는 사랑과 평강이 가득 흐르고 있음을 감지할 수 있었다. 나는 나은이에게 성구서표를 뽑도록 했다. 나은이는 이렇게 말했다.

"학교 다닐 때 거의 매일 이 말씀을 뽑아 읽었는데, 나중에 이 말씀들이 다 생각나더라고요. 그게 저에게 큰 영적 자양분이 된 것 같아요."

나은이는 자신뿐만 아니라 남편과 두 딸의 말씀도 뽑았다. 나는 나은이와 가정을 위해 기도했다. 하나님의 은혜가 계속해서 이 가정 가운데 넘쳐서 세상으로 흐르기를 소망하며 기도했다. 기도하는 중에 예주는 엄마의 무릎에서 잠이 들었다.

제자인 나은이를 통해, 하나님의 마음을 다시 한 번 깨닫게 하시고 확인시켜 주시는 은혜에 감사했다. 상황과 여건에 관계없이 하나님의 마음을 품고 영혼을 위해 기도하며 나아가는 인생이 가장 복된 인생이라는 것도 깨달았다.

주님이 다시 오실 때까지 하나님의 사람들을 통한 하나님의 놀라운 역사하심이 나은이와 나은이의 가정을 통해, 두 딸을 통해 펼쳐지도록 하나님께서 끝까지 함께하시리라 믿는다.

# 27. 개나리와 함께 찾아온 제자

내가 네 말대로 하여 네게 지혜롭고 총명한 마음을 주노니
네 앞에도 너와 같은 자가 없었거니와
네 뒤에도 너와 같은 자가 일어남이 없으리라.
(열왕기상 3장 12절)

한동안 소식을 나누던 졸업생 아현이에게서 오랜만에 연락이 왔다. 아현이
는 나를 만나러 학교로 찾아오겠다고 했다.

아현이는 영훈고가 기독교 학교로 바뀌고, 채플이 시작되는 것을 경험하
지 못하고 졸업한 아이다. 기독교 학교가 된 이후, 두 해는 방과 후에 신입생
들 대상으로만 채플을 진행했기 때문에 아현이는 재학 중이었지만 해당되
는 학년이 아니었다. 그럼에도 영훈고의 기독 동아리 '가스펠반'에서 잘 훈
련받고 성장한 학생이었다.

매우 착하고 믿음으로 나아갔던 아현이가 학교로 나를 찾아온다는 소리
를 들었을 때, 묘한 기쁨과 즐거움이 내 마음에 채워지고 있었다. 그것은 스
승이 경험할 수 있는 특별한 것이리라. 제자의 청소년 시절, 학교를 다닐 때
의 모습을 기억하는 것도 교사의 특권인데, 성장하는 과정을 지켜 보며, 또

다시 이렇게 만날 수 있는 기회를 갖는 것도 교사의 즐거움이리라는 생각이 들었다.

아현이가 고등학교를 졸업할 무렵 나에게 이런 카톡을 남겼다.

"저도 대학 가서 주님의 자녀로 열심히 살아가도록 노력할게요. 너무 감사합니다. 졸업 후에도 간식이랑 같이 찾아갈게요."

그 후에도 아현이는 설날과 추석 명절, 연말연시, 그리고 내 생일 등 특별한 날을 잊지 않고 카톡으로 안부를 물어 오곤 했다. 나는 아현이가 사랑의 마음과 따뜻한 심성을 가진 청년으로 잘 성장하고 있는 것 같아 행복하고 마음이 풍요로워졌다.

아현이는 벚꽃이 피기 시작하고 개나리가 펼쳐진 날, 나를 찾아왔다. 대학생 분위기가 물씬 풍겼다. 아현이는 나를 보자마자 "선생님!" 하면서 다가왔다. 그리고 그때부터 즐거운 대화가 시작되었다.


## 가스펠반의 추억

"선생님, 좋아하실지 모르겠지만, 일단 이건 후배들에게 주시고 이건 선생님 차 타 드셔요."

아현이는 간식을 가지고 오겠다는 약속을 기억하고 있었다. 자그마한 쇼핑백에 사탕 꾸러미와 음료 등을 담아 가지고 온 것이다. 그때부터 아현이와 나는 즐겁게 이야기를 시작했다.

아현이는 기독교 대학인 M대학교에 재학 중, 서울에 있는 E대학교로 편입했다고 했다. 그래서 작년에 공부하느라 자주 연락을 못했다고 했다. 아현이는 이에 멈추지 않고, 계속 공부를 하고 싶다고 했다. 남자 친구도 있다고 했다. 아현이는 웃으며 계속 말했다.

"그런데요, 선생님. 아세요? 저 학교 다닐 때 가스펠반에 동기 여학생이 없었잖아요. 여자가 저 혼자였어요. 물론 선배 언니들이 있어서 좋았지만, 가끔 외로웠어요. 그래서 더 열심히 기도하고 활동했지만요."

나도 웃으며 말했다.

"맞다 맞아. 그랬지? 수고 많이 했어. 그때 아현이의 기도로 지금은 채플도 잘 정착하고, 후배들이 마음껏 예배드리고 신나게 학교생활 하는 거야. 하나님께서 그렇게 응답하신거지."

"네, 선생님. 후배들이 참 좋을 것 같아요. 생각해 보니까 고등학교 때 학교에서 기도했던 게 가장 기억에 남더라고요. 저희 집은 아무도 안 믿잖아요. 그런데 대학생이 되어 보니까, 집에서도 학교에서도 바른 믿음 없이는 안 되겠더라고요. 그래서 항상 선생님께 감사하고 있어요."

## 네 후배들을 열심히 가르칠게

나는 아현이의 말을 들으며, 때를 얻든지 못 얻든지 믿음으로 살고 복음 전하는 삶의 중요성을 다시금 마음에 새기고 있었다.

"그래, 아현아. 선생님도 이제 퇴임이 몇 년 안 남았는데, 하나님께서 너를 통해 다시 한 번 깨우쳐 주시는 것 같구나. 학교에서 네 후배들을 위해 열심히 기도하고, 믿음으로 키워 갈게. 고맙다."

이렇게 말하고 나는 아현이와 함께 기도했다.

"하나님, 감사합니다. 오랜만에 사랑하는 제자 아현이의 발걸음을 인도하셔서 영훈고로 오게 하시고 대화 나누고 기도하게 하셔서 감사합니다. 무엇보다 아현이가 청년 생활을 믿음으로 잘해 나가는 모습을 보게 하시니 감사합니다. 청년 시절에 더욱 하나님을 사랑하고, 하나님을 증거하는 삶이 되게 하여 주시옵소서. 소망하고 준비하는 학업도 함께하여 주시고, 이 시대에 하나님을 전하는 복음의 사명자가 되게 하여 주시옵소서. 가족들도 모두 예수님께서 만나 주시고, 앞으로 아현이의 모든 삶에 항상 하나님께서 동행하여 주시옵소서."

기도는 계속되었고, 아현이와 나는 하나님께서 주시는 사랑과 평강에 깊이 스며들고 있었다.

개나리가 피기 시작한 날, 따스한 오후였다.

# 28. 엄마가 선생님한테 배웠대요

너는 네 하나님 여호와의 성민이라
여호와께서 지상 만민 중에서 너를 택하여
자기 기업의 백성으로 삼으셨느니라.
(신명기 14장 2절)

3월초 점심시간, 코이노니아실에 아이들이 여러 명 모여 있었다. 그 가운데
남학생 서너 명이 있었는데, 한 남자 아이는 피아노를 치고 있었고, 그 외
학생들은 피아노 치는 아이를 둘러싸고 흥겹게 장단 맞추며 놀고 있었다.

그 남학생의 피아노 연주는 보통 실력이 아닌 듯했다. 나는 밝은 목소리
로 이렇게 말했다.

"우와, 대단한데. 피아노 킹정(완전 인정)이야."

피아노를 치던 아이는 나를 보더니, 연주를 멈추었다. 그리고 나를 보며
대뜸 이렇게 말했다.

"선생님! 우리 엄마가 선생님한테 배웠대요."

순간 정적이 흘렀다. 나도, 아이들도 뜬금없는 이 말에 잠시 시선과 마음
이 고정된 것이다. 나는 웃으며 말했다.

"하하하, 너희 엄마 이름이 뭐지? 혹시 영훈고 졸업생?"

그 남자 아이도 웃으며 말했다.

"네, 맞아요, 선생님한테 국어 배웠대요. 그리고 선생님 아직 계신지 물어 보셨어요."

### 절대 안 돼!

나는 이 말을 들으며 표현하기 어려운 즐거움을 경험하고 있었다. '제자의 아들'과의 만남이라, '제자의 아들이 또 나의 제자가 되는' 상황이 재미있기도 하고, 그 학생의 '엄마'라는 졸업생이 궁금해지기도 했다.

"얘야, 네 이름하고 너희 엄마 이름 알려 줄 수 있니?"

"네, 저는 준이구요, 엄마는 강은숙이에요."

"아, 그렇구나. 엄마의 모습이 금방 떠오르지는 않는데, 옛날 앨범 찾아 봐야겠다. 준아! 엄마한테 가서 한 번 물어 볼래? 선생님이 엄마 학교 다닐 때 앨범 찾아서 아들한테 엄마 학생 때 사진 보여 줘도 되냐고? 하하하."

준이는 밝게 웃으며 대답했다.

"네, 알겠습니다."

그리고 다음 날 돌아온 준이 엄마의 대답은 이랬다.

"절대 안 돼!"

나는 옛날 앨범을 찾아 보았다. 강은숙은 내가 1995년부터 3년간 국어를 가르친 학생이었다. 담임은 맡은 적이 없지만, 그 당시의 아이들을 다 알고 있는 나로서는 앨범의 사진을 확인한 순간 예전의 기억이 반추되고 있었다. 그리고 주마등처럼 그 당시의 아이들 모습이 스쳐갔다. 그때 나는 교회에 출석은 했지만 하나님을 잘 알지 못하고, 술과 세상에 빠져 살았던 양다리 신앙인이었다.

내가 준이네 학급으로 수업을 들어가지는 않지만, 준이의 담임 선생님에게 준이의 이야기를 듣게 되었다. 준이는 성실하고, 사교적이며, 학급 회장으로 선출되었다고 했다. 또 채플 찬양팀 건반 반주자로도 섬기게 되어, 교목실을 통해서도 준이의 이야기를 계속 들을 수 있었다. 준이는 믿음 생활도 잘하고, 즐겁고 기쁘게 학교생활을 하고 있었다. 준이를 볼 때마다 준이 엄마인 은숙이의 학생 때 모습이 떠올라 내 입가에는 미소가 감돌았다.

## 기도하는 사람들

그러던 어느 날, 준이가 나를 찾아왔다. 그러면서 이렇게 말했다.

"그런데요, 선생님. 엄마랑 한참 얘기를 나누었는데요. 엄마가 학교 다닐 때 혼자서 학교 벽 붙잡고 기도하셨대요. 하나님의 학교가 되게 해달라고요."

"아~!"

이 이야기를 듣는 그 순간, 내 눈에는 눈물이 핑 돌았다. 하나님께서는 항상 어느 때나 어느 곳에서나 기도하는 사람들을 남겨 놓으신다는 것을 또한 번 깨닫게 하셨다. 내가 양다리 신앙인이었던 그 시절에도 하나님께서는 기도하는 제자를 영훈고에 심어 놓으시고, 기도하게 하신 것이다. 그리고 그 기도를 들으시고, 결국은 영훈 학교를 기독교 학교로 바꾸어 주신 하나님의 은혜와 인도하심에 참으로 감사했다. 엄마가 기도를 뿌려 놓은 영훈고에서 아들 준이 역시 채플 찬양 팀으로 헌신하는 이 순간, 하나님께서 반드시 준이도 귀한 인생으로 사용하실 것을 믿는다.

# 29. 북촌까지 찾아온 루게릭 병 제자

그 이름을 믿으므로 그 이름이 너희가 보고 아는 이 사람을 성하게 하였나니
예수로 말미암아 난 믿음이 너희 모든 사람 앞에서
이같이 완전히 낫게 하였느니라.
(사도행전 3장 16절)

나는 하나님의 부르심과 인도하심에 따라 2022년 8월 31일자로 영훈고를
퇴임했다. 그리고 바로 북촌에 있는 더작은재단의 '스쿨처치임팩트'에서 학
교 사역을 전국적으로 하게 되었다.

수십 년간 함께 기도하던 동역자들에게 내 퇴임과 하나님께서 허락하신
사역도 알릴 겸, 기도의 자리를 만들었는데, 그것이 '영훈기독인대회'다. 하
나님께서는 기독인대회를 3시간 넘게 크신 은혜로 축복하셨다. 그 자리에
는 150여 명이 참석하였다.

기독교사, 학부모, 동문, 제자들, 교회, 선교 단체, 중보자 등 동역자들이
참여했다. 나는 무척 반가웠고, 눈물겹도록 감사했다. 기도 가운데 기독 학
교로 변화된 역사의 현장에서 함께 기도하는 시간은 감사의 눈물과 부르짖
는 기도 소리로 가득했다.

그 가운데 나는 한 사람을 기다리고 있었다. 그 사람은 약 20여 년 전, 양다리 신앙인이었던 나를 예수님께 의지하는 인생이 되도록 만든 루게릭 병 제자였다.

그 당시 루게릭 병에 걸린 제자는 두 명이었다. 1997년 1학년 남학생이었던 문석이는 무척 중증이었고, 고3을 못 넘긴다는 사형 선고를 받은 아이였다. 그리고 2학기가 시작될 무렵, 또 한 명의 루게릭 병에 걸린 아이가 우리 학급 옆 반에 있었다. 그 아이의 이름은 현욱이였다. 나는 이 아이들을 위해 영훈고에서 매일 한 번 이상씩 눈물로 기도했다. 그리고 그 다음 해 자원해서 이 두 아이의 담임 교사를 맡았다.

기독교 학교가 아닌 영훈고의 상황이었지만 하나님께서는 제자들을 위해 3년간 눈물로 기도하게 하셨고, 그 눈물의 기도를 들어주셨다. 수능을 마친 겨울 방학, 이 아이들의 병을 멈추어 주신 것이다. 그리고 이 아이들을 구원해 주시고, 가족들을 구원해 주셨다. 이것을 통해서 나를 기도하는 기독교사로 불러 주셨다. 그렇게 20여 년을 기도하는 기독교사로 살게 하시며 오늘에 이르기까지 인도하셨다.

## 중년이 된 현욱이

소강당에서 기독인대회가 시작될 무렵, 한 명의 루게릭 병 제자가 내 눈에 들어왔다. 현욱이였다. 양복을 걸친 현욱이는 이제는 아이가 아니었다. 나이를 물어 보니 42살이라고 했다. 의학적으로는 19살을 못 넘기고 세상을 떠난다고 했는데, 40대 중년의 시기까지 생명을 연장시켜 주시고, 이렇게 살아가게 하시는 하나님께 참으로 감사해, 현욱이를 마주하자마자 눈물이 핑 돌았다. 나는 현욱이를 깊게 끌어안았다.

기독인대회가 3시에 시작되었는데, 온다고 했던 또 한 명의 루게릭 병 제자의 모습은 보이지 않았다. 3시 30분이 지나갈 무렵, 혹시나 다른 자리에 있는지 확인하려고 문석이에게 문자를 넣었다.

"학교에 도착한 거니?"

그리고 한 시간 남짓 지난 후에 이렇게 답장이 왔다.

"선생님 정말 죄송합니다. 제가 준비를 해서 나가려면 다른 사람의 도움이 필요한데 어머니가 날짜를 착각하셔서 오늘 찾아뵙기가 어려울 것 같습니다. 정말 죄송합니다. 다른 날 따로 찾아뵈어도 될까요? 정말 죄송합니다."

기독인대회를 마치고 문석이와 통화를 했다. 문석이는 이제 몸이 다소 약화되어 휠체어에 의지해야만 이동이 가능하다고 했다. 3일 기독인대회 때 선생님을 찾아뵈어야 한다고 어머니께 말씀드렸는데, 어머니께서 그날을 잊으셨다는 것이다. 죄송해서 어떡하느냐고 연거푸 말하는 문석이에게 나는 괜찮다고 말하며 다음에 만나자고 했다. 그리고 그 후에도 문석이는 계속 연락을 해왔다. 어디든지 좋으니까 어서 만나야 한다는 것이었다.

## 문석이를 만나다

9월 8일, 목요일. 가을바람이 기분 좋게 불고 있었다. 그리고 하늘이 무척 푸르렀다. 3시가 좀 넘어서 문석이는 내가 있는 북촌 '더작은재단'까지 찾아왔다. 자신이 근무하는 도봉동 직장에서부터 장애인 콜택시를 타고 내가 있는 북촌까지 온 것이다.

문석이 옆에는 도와 주시는 분이 함께 있었다. 문석이를 보니, 아예 휠체어에서 일어나지 못했다. 몇 년 전부터인가 다리에 힘이 없어지고, 손가락에도 이제 힘이 없다고 했다. 생명을 연장시켜 주셨지만, 언젠가부터 몸이 안 좋아지는 것을 느꼈다고 했다. 이 모습을 보니 울컥하며 눈물이 솟구쳤다.

두세 곳의 카페를 지나 휠체어가 들어갈 수 있는 1층 카페를 찾아갔다. 그리고 참 오랜만에 문석이를 만나 이야기를 나눌 수 있었다. 음료를 마시며 이야기를 나누다 보니, 예전의 고등학생과 선생님의 모습이 재현되는 것 같았다.

"선생님, 벌써 퇴임이라뇨? 예전이나 지금이나 변한 게 하나도 없으신데요. 저, 깜짝 놀랐어요. 갑자기 퇴임 소식을 듣고 건강이 안 좋으셔서 그러신가 했어요."

나는 웃으며 말했다.

"아니야, 석아. 우리처럼 하나님 믿는 사람은 사명 따라 사는 것이고 움직이는 거잖아. 기도 가운데 하나님께서 여기를 사명지로 옮겨 주신거야. 학교 사역 하는 것도 동일하고 나는 건강하게 잘 지내고 있어."

문석이는 내 얼굴에 눈을 고정하고 있었다. 그리고 계속해서 말했다.

"그런 것 같아요. 선생님, 예전보다 좋아지신 것 같기도 하고요. 그리고 지난번에는 죄송했어요. 꼭 가서 뵈었어야 했는데."

"하하하, 아니야. 왔어도 좋았겠지만, 너를 그 자리에 오지 않도록 하신 하나님의 뜻이 있으시겠지? 아마 네가 이런 모습으로 그곳에 왔으면, 시선들이 다 너에게 고정되었을 것 같은데, 넌 괜찮았을까?"

"네, 사실 저도 일찍 가서 선생님만 보고 나올까 생각했어요."

### 하나님의 은혜란다

이렇게 이야기가 시작된 것이 약 한 시간가량 계속되었다. 문석이와 부모님, 여동생은 나를 통해 교회를 다니기 시작했다. 하지만 그 후, 오랜 세월의 흐름 속에서 신앙생활이 힘들어졌고, 믿음도 많이 떨어졌다고 했다. 문석이의 아버지는 모범 택시 일을 하고 계시고, 여동생은 결혼을 해서 아이 엄마가 되었다고 했다.

"그렇구나, 석아. 요즘 믿음 생활은 어떠니?"

문석이가 무거운 얼굴로 말했다.

"저도 힘들어요. 선생님과 있을 때는 하나님을 잘 몰랐어도, 하나님께서 나를 인도하신다고 생각했는데, 언제부터인가 왜 나는 이렇게 불편하게 살아야 하는지, 원망과 불평이 많이 생겼어요. 그런데 이번에 선생님 퇴임 소식을 듣고, 학생 때 선생님께서 기도해 주셨던 것을 많이 생각하게 됐는데, '이렇게 지금까지 살아온 것도 다 하나님의 은혜구나' 하는 생각이 들었어요. 그래서인지 선생님도 빨리 만나 뵙고 싶었고요."

나는 미소를 띤 얼굴로 말했다.

"그럼, 석아. 모든 것이 다 하나님 은혜야. 네가 불편한 부분이 당연히 있지만 사람은 누구나 아픔이 있고, 힘든 것이 있잖아. 종류와 내용은 좀 다르겠지만 말이야. 사실 생각해 보렴. 네가 휠체어로 여기까지 온 것도 감사하잖아. 네가 정신이 멀쩡한 것도, 장애인 단체에서 직장 생활을 하는 것도, 감사한 것이 참 많지 않니?"

문석이는 고개를 끄덕이며 점점 활기를 찾고 있었다.

## 카페에서 기도하며

문석이와 나는 추억을 떠올리며 이런저런 이야기를 나누었다. 금세 한 시간 남짓 시간이 흐르고 있었다.

"석아, 앞으로 남은 너의 인생을 하나님께 맡겨 드리렴. 너를 하나님의 도구로 사용해 달라고 기도하렴. 하나님을 신뢰하고 믿음 생활을 하는 게 가장 큰 축복인 거야. 선생님도 이제 연락이 닿았으니까 자주 보고 연락 나누자. 선생님도 네가 믿음 생활을 하는 데 도움이 될 테니까. 알겠니?"

"네, 선생님."

나는 활짝 웃으며 말했다.

"자, 이제 우리 헤어질 시간이 된 것 같아. 오늘 여기까지 와 주어 참 고맙다. 내가 퇴임하고 여기까지 찾아온 제자는 네가 처음이야, 북촌 잊지 말고, 응? 오늘은 영원히 기억될 것 같은 날이야. 그렇지?"

문석이는 고개를 끄덕이며 미소 지었다. 그리고 문석이는 자연스럽게 손을 내밀었다. 학교 다닐 때처럼 기도해 달라는 것이었다. 나는 이내 한 손은 문석이의 어깨에, 다른 한 손은 문석이의 손을 붙들고 기도를 시작했다.

"살아계신 하나님, 오늘 문석이를 만나게 하신 하나님 감사합니다. 20여 년 전 학교에서 스승과 제자로 만나 문석이의 육신에 있는 병을 놓고 기도하게 하시며, 기도 가운데 문석이를 구원해 주시고, 하나님께서 병을 멈추어 주신 것을 감사합니다. 이제 시간이 흘러 다소 육체적으로 연약한 부분이 있지만, 하나님께서 문석이의 믿음을 회복시켜 주시고자 하는 뜻임을 믿습니다. 저의 퇴임 시기에 문석이와 만남을 주신 하나님의 뜻을 이루시고 영광 받으시길 원합니다. 하나님, 앞으로 문석이를 마음껏 하나님의 도구로 사용하여 주시옵소서. 단단한 믿음으로 살아가게 하여 주시옵소서. 바라옵기는 다리에 힘을 주시고, 손가락에 힘을 주시고, 연약한 부분에 힘을 주셔서 하나님께서 하신 일을 또 한 번 간증하며 살아가게 축복하여 주시옵소서."

기도는 한동안 계속되었다. 사람들이 꽉 차 있는 카페에 기도 소리는 잔잔

한 음악보다 더 깊은 감동으로 자리하는 듯했다. 이미 문석이와 내 눈에는 하나님께서 주시는 감동과 감사의 눈물로 가득했다. 기도를 마친 후 나는 자리에서 일어나 이제 나보다 덩치가 큰 문석이를 힘껏 안아 주었다.

### 문석이를 주관하실 하나님

카페를 나오니 하늘은 더욱 푸르고 높아 보였다. 문석이는 돌아갈 때는 지하철을 이용하고 싶다고 말하며 지하철역으로 가기 전에 나에게 선물을 주었다.

"선생님, 제가 준비한 건데, 마음에 드실지 모르겠어요."

나는 선물을 받고, 길거리에서 사진을 찍었다. 그리고 문석이는 횡단보도를 건너갔다. 횡단보도를 건넌 후에도 몇 번씩 내가 있는 곳으로 휠체어를 돌렸다. 그리고 힘없는 손을 들려고 하는 모습이 보였다. 그조차도 힘겨운지 고개를 숙이며 인사를 하는 문석이. 그 모습을 보는 내 눈에서는 갑자기 눈물이 주르륵 흘러내리고 있었다. 그리고 이렇게 기도했다.

"살아계신 하나님, 여기까지 문석이를 인도하신 하나님, 문석이의 삶을 주관하여 주시옵소서. 앞으로의 삶도 책임져 주시옵소서."

　이 글을 읽으시는 여러분, 문석이와 현욱이를 위해 기도 부탁드립니다. 이 아이들의 남은 인생이 하나님께서 가장 기뻐하시는 삶이 되길, 그 삶을 하나님께서 주관해 주시길 기도 부탁드립니다.

　또한 저를 위해서도 기도 부탁드립니다. 이 땅에서 살아가는 동안 한 번 스승은 영원한 스승이라는 사실을 깨닫고, 더욱 다음 세대를 위해 기도하는 사명자로 쓰임받기를 기도 부탁드립니다.

# 30. 힘들어서 울기도 했어요

만군의 여호와가 이르노라
나는 내가 정한 날에 그들을 나의 특별한 소유로 삼을 것이요
또 사람이 자기를 섬기는 아들을 아낌 같이 내가 그들을 아끼리니.
(말라기 3장 17절)

수년 전 영훈고 가까이에 있는 신성교회에서 청소년 대상으로 말씀을 전한 적이 있다. 신성교회는 비기독교 학교였던 영훈 학교를 기도와 물질로 십수 년 간 섬겨 주었던 교회이며, 지금도 한마음으로 합력하는 교회다.

그 예배 자리에 중학생이던 안동권 학생이 있었다. 그날 예배 이후 동권이는 영훈 고등학교에 오게 해달라고 하나님 앞에 매달리며 기도했다. 하나님께서는 동권이의 간절한 기도를 들으시고 결국 영훈 고등학교로 인도하셨다.

2017년은 영훈고가 기독교 학교로 첫 출범을 하는 해였다. 하지만 학교 구성원 대부분이 크리스천이 아니고, 기독 학교에 대한 인식이 없었고, 준비가 되어 있지 않아 기도 가운데 미리 준비한 내용과 비전을 설명해도 이해하지 못했다. 새로운 재단 또한 적극적인 행보를 보이지 않고, 신중에 신

중을 기하는 모습이었다.

결국 2017학년도 1학년들을 대상으로 기독 활동을 시작하고, 연차적으로 한 학년씩 늘리겠다고 했다. 학생 채플은 방과 후에 원하는 학생들만 하는 형태로 운영하겠다고 했다. 이런 상황이었던 2017년, 동권이는 영훈고에 입학하게 되었다.

### 영훈 학교의 첫 교목

국어를 가르치며 기독교사의 삶을 살아오던 때, 하나님께서는 나를 영훈고 첫 교목으로 임명하셨다. 나는 '어떤 직분을 맡는 것'보다 '어떻게 사는지'가 더 중요하다는 생각을 하며 살아왔기에 교사든 교목이든 그 직분이 나에게 결정적 역할을 하지는 않았다. 하지만 하나님의 시각뿐만 아니라 교회의 시각, 그리고 학교의 시각에서는 어떤 다른 사람보다 내가 교목을 담당하는 것이 필요하다고 생각한 것 같다. 왜 그랬을까?

재단교회인 오류교회에서 교목을 파송하지 않아도 된다는 점, 내가 청소년 사역을 오랫동안 해왔다는 점, 그리고 학교와 교회 간 갈등이 생겼을 때 순조롭게 풀어 갈 수 있을 거란 기대 등 여러 요소가 고려되었을 것이다. 학교 역시 다른 생소한 교목이 오는 것보다는 이유야 어떻든 항상 얼굴 보고 생활했던 내가 그나마 낫지 않겠는가 하는 생각도 있던 것 같다.

하지만 2017년도 기독교 학교로서의 첫 해를 준비하는 과정은 만만치 않았다. 무엇보다 아이들이 채플을 드려야 할 소강당 세팅이 필요했는데, 그 당시 악기도 없었고 음향 시스템도 없었다. 아니, 그것에 관해 살펴보거나 준비할 인력도 없었고, 설치할 수 있는 재능을 가진 사람도 없었다.

'사람은 있었지만, 사람이 없었다.'

그러나 하나님께서는 당신이 기뻐하시는 일은 어떤 상황에서도 진행해 가신다. 나는 계속 기도하며 하나님의 인도하심을 구했다. 이렇게 기도하며 홀로 여러 준비를 하고 있었을 때, 하나님께서는 준비된 한 학생을 영훈고에 보내 주셨다. 그 아이가 다름 아닌 동권이었다.

'사람은 없었지만 사람이 있었다.'

체격이 작은 아이, 목소리도 작아 조곤조곤 이야기하는 아이, 그리고 무엇보다 성실한 아이였다. 하나님께서는 영훈고가 기독교 학교로 가는 첫 단추를 끼우기 위해, 고등학교에 갓 입학한 아이를 사용하시고자 했다.

그때부터 동권이와 나는 스승과 제자보다는 동역자의 길로 들어섰다. 드럼 세트, 기타, 보면대, 마이크, 음향 믹서기 등을 주문했다. 또한 교회의 연락과 요구 사항에 대한 것도 처리할 일이 많았다. 지금 생각해 보면 정신없이 분주하던 그때 그 순간들을 어떻게 지나 왔나 싶다.

내 마음속에 동권이에 대한 미안함이 있었지만, 나는 그 어린아이에게 사명을 자꾸 깨닫게 하며 이렇게 말했다.

"하나님께서 나중에도 너를 쓰시겠지만, 지금도 너를 사용하시는 거야. 그것이 큰 기쁨인거야."

그럼 동권이는 항상 똑같이 대답했다.

"네, 알겠습니다. 선생님."

사실 이것은 나에 대한 스스로의 외침이기도 했다.

'이것은 사명이야. 다른 사람이 아닌 네가 감당할 몫이야. 하나님께서 너에게 그것을 원하시는 거야.'

나는 속으로 하나님의 음성에 대답했다.

"네, 알겠습니다. 하나님."

## 동권이의 비전

동권이는 기타, 드럼 등 악기 연주뿐만 아니라, 기본적인 음향 시스템을 잘 알고 있었다. 그래서 구입한 악기를 세팅하고, 필요한 부분을 채워 가며 준비하는 것은 동권이의 몫이었다.

2017년도 1학년, 2018년도 1, 2학년 채플 때 동권이는 큰 역할을 감당했다. 또한 학생회 선교부 차장에 이어 선교 부장으로도 섬겼다. 내가 영훈고의 첫 교목이 된 것처럼 동권이는 영훈고 학생회 첫 선교 부장이 된 것이다.

2019년도에 채플 수업이 한 시간 늘면서, 수요일 4-6교시 학년별 채플이 이루어지기 전까지, 2017년과 2018년은 헌신자를 세우는 시간으로 사용되었다. 방과 후 채플이라 많은 아이가 오지 않았지만, 채플 찬양팀을 학생들로 세워 전통을 만들어 가기 위함이었다. 그 핵심에 항상 동권이의 헌신과 수고가 있었다.

거의 2년 동안, 동권이는 나처럼 귀가 시간이 늦었다. 어떤 때는 밤 10시를 넘기면서까지 준비하고, 체크하고, 처리해야 할 일들이 있었기 때문이다. 어린아이가 어떻게 이 모든 것을 감당할 수 있었는지, 그저 하나님께서 주신 힘과 능력이라고밖에는 말할 수 없을 것이다. 또한 이렇게 동권이를 사용하시는 하나님께 영광을 올려드리지 않을 수 없었다.

동권이는 목회자의 비전을 갖고 있었다. 그래서 어려서부터 꾸준히 신앙생활을 해오고 있었다. 말씀과 기도의 삶을 살고자 애썼다.

매주 월요일 방과 후, 나는 학교 안에서 제자훈련반을 만들어 아이들을 양육했다. 그때 동권이도 참여했다. 또한 동권이는 2학년이 되면서 자발적으로 친구들과 후배들과 매주 금요일 아침 7시에 학교에서 큐티 모임을 진행했다. 무엇보다 말씀과 기도가 무장되어야 한다는 것을 아는, 참으로 귀한 아이였다.

동권이와 상담을 하며 나중에 목사님이 되고 싶다는 비전을 듣게 되었다. 그러면서 신학과를 지망한다고 했다. 나는 그 이야기를 듣고 신학과도 좋지만 기독교 교육학과가 어떻겠느냐고 권했다. 목사가 되려면 대학에서 무엇을 전공하든 신학대학원을 가야 하고, 종교 교육 교사 자격증을 취득하게 되면, 나중에 학교에서 교목 역할도 감당할 수 있기 때문에 권한 것이었다. 동권이는 부모님과 상의 후 기독교 교육학과에 응시하기로 했다.

동권이는 장로회 신학 대학교를 일순위로 생각하며 준비했다. 그리고 장로회 신학 대학교에서 실시하는 고등학생 대상의 성경 고사가 있다는 사실을 알게 되었다. 박 선생님의 인도함에 따라 동권이는 성경 고사에 응시하였다. 그 결과 전체 2등, 3학년 1등으로 수상의 영광을 안았다. 이 상을 받게 되면 나중에 입시에서 특전이 있다고 했다.

동권이는 성경 고사 우수자 전형으로 장신대에 응시했다. 동권이는 합격뿐만 아니라 장학생이 되게 해달라고 기도했는데, 내 마음에도 하나님께서 기뻐하시며 그 기도를 들어주실 것이라는 확신이 들었다.

결국 하나님께서는 동권이를 장신대에 합격시켜 주셨다. 그리고 동권이가 기도한 대로 장학생이 되게 하셨다.

## 동권이 어머니의 고백

동권이 어머니는 동권이 누나와 학교 건너편에서 김밥 가게를 운영하고 계셨다. 동권이는 이따금 나에게 자기 어머니 가게에 오라고 했다. 나는 동권이의 합격이 결정된 후, 축하 인사를 드리러 한 번 찾아 가야겠다고 생각했다. 그리고 며칠 후, 한 분의 선생님과 함께 동권이 어머니를 뵈러 갔다. 동권이 어머니는 나를 보며 이렇게 말씀하셨다.

"선생님, 하나님께서 동권이를 영훈고에 보내시고, 선생님과 함께 영훈고를 기독교 학교로 세우는 데 보탬이 되라고 하셨어요. 동권이도 저도 그 기도를 하면서 영훈고에 지원했던 거고요. 이제 하나님께서 목회자가 되는 길도 이렇게 열어 주셔서 얼마나 감사한지 몰라요. 정말 감사합니다. 선생님."

나는 웃으며 말했다.

"하나님께서 동권이를 무척 사랑하시는 거죠. 하나님의 부르심이고 뜻이니까 이렇게 3년간 수고하고 애쓰며 왔지만, 사실 저는 동권이한테 미안하기도 해요. 고등학교에 오자마자 이것저것 다 시켰으니까요. 말하진 않았지만 무척 힘들었을 거예요."

동권이 어머니는 내 말이 끝남과 동시에 이렇게 말씀하셨다.

"다 하나님의 은혜지요. 사실 선생님, 동권이가 1학년 초에 집에 오면 운적도 있어요. 힘들다고 하면서요. 여러 일을 감당해야 하니까 힘들겠지만 그래도 선생님이 시키는 대로 다 하라고 했어요. 하나님 사역이니까요."

이 말을 듣는 순간 어린 동권이의 모습이 투영되면서 눈시울이 뜨거워졌다. 그리고 이내 감동과 감사의 눈물이 맺혔다.

다음은 대학교에 간 동권이가 나에게 보낸 편지이다.

안녕하세요. 선생님!
선생님의 제자 동권이에요. 졸업한 지 벌써 2년이 넘었어요. 시간이 참 빠른 것 같아요. 대학교에 다니면서, 선생님 생각이 날 때가 많아요. 고등학교 때 선생님과 동역했던 일들을 친구들과 나누기도 하고요. 영훈고를 자랑하면서 이야기하기도 해요. 그만큼 좋은 추억과 재미있는 이야기가 넘치는 학교생활이었어요.

기독교 학교로서의 첫 해가 기억나요. 선교 부장, 선교부 차장을 맡으면서 여러 일을 맡아 했던 것이 지금 생각해 보면 어떻게 그 일을 다 감당했나 싶어요. 하나님의 은혜였어요. 너무 지치고 힘들 때도 많았지만 그것이 영양분이 되어서 앞으로 나아갈 수 있는 길을 만들어 준 것 같아요. 인생에 있어서 경험하지 못할 일들을 경험했고, 그 안에서 많은 아픔과 도전을 만났기에 제가 지금 이 자리에 서 있음을 깨달아요. 믿음의 동역자들이 있었고, 선생님께서 주신 관심과 사랑에 한 번더 힘을 얻고 나아갔던 일들이 기억나요.

하나님께서 선생님과 저를 이어 주셔서 귀한 사명에 참여시키신 것에 너무 감사드려요. 제가 정말 존경하는 분은 선생님이에요. 그리고 선생님, 제 옆에 계셔 주셔서 감사합니다. 또한 이 자리까지 인도하신 하나님을 찬양합니다.

선생님, 항상 건강하세요!

2022년 3월 22일

제자 안동권 올림


하나님께서는 기도하며 나아가는 하나님의 사람들을 외롭게 두지 않으신다. 성령님께서 항시 함께하시고, 하나님의 때에 하나님의 방법으로 꼭 동역자를 붙여 주시기 때문이다. 그래서 사역의 길은 외롭지 않다. 상황과 여건에 관계없이 하나님은 당신의 비전을 이루어 가신다. 동권이를 하나님의 아름다운 도구로, 하나님 나라를 위한 동역자로 사용하신 하나님께 모든 영광을 올려드린다.

# 31. 고3인데 전공을 바꾸고 싶어요

그러나 나는 하나님의 집에 있는 푸른 감람나무 같음이여
하나님의 인자하심을 영원히 의지하리로다.
(시편 52장 8절)

여름방학, 강원도 고성에서 한 교회의 중고청년부 수련회를 인도하고 있었다. 수련회 둘째 날 낮에 여유가 있어 고성 근처를 다니며 유적지와 바다를 둘러보고 있는데, 전남 광주의 기독교사인 김 선생님에게 문자가 왔다.

한 학생 때문에 고민이 된다고 하시면서 그 이유가 내가 쓴 책, 「올보 선생의 명품 인생」 때문이라고 말씀하셨다. 이 책은 청소년들이 가장 고민하는 정체성, 자기 관리, 학업과 비전, 이성 교제, 가정 등의 내용을 다루고 있고, 몇 년 전 청소년 권장 도서로 선정된 책이기도 하다.

김 선생님은 해마다 학생들에게 이 책을 사서 선물한다고 하셨다. 학생들이 대체로 좋은 영향을 받았다고 했지만, 이번처럼 한 학생이 전공 자체를 바꾸겠다고 한 적은 처음이었다고 한다. 더욱이 그 학생은 고3이며, 성적도 우수하여 그동안 의사가 되기를 꿈꾸고 준비하고 있던 아이였는데, 내 책을

읽고는 기도하는 국어 교사가 되겠다고 했다는 것이다.

물론 그렇게 하는 것이 하나님의 뜻이라면 따라야겠지만, 이것이 하나님의 뜻인지 분명하지가 않아서, 아이도 혼란스러워 하고 김 선생님도 어찌해야 할지 몰라 나에게 연락을 하신 것이다. 나는 이 상황에서 두 가지 마음이 일별(一瞥) 스쳐갔다.

하나는 내 책의 영향력이 이렇게 크다는 것에 기분이 좋았고, 또 하나는이 문제를 어떻게 해결해야 할지에 대한 고민이었다. 단순하게 고3, 1학기가 끝나는 마당에 무조건 안 된다고 성급하게 말하는 것도 좋은 방법은 아니었다.

나는 김 선생님께 내 전화번호를 그 아이에게 가르쳐 주어도 좋다고 말했다. 그 아이의 이름은 의찬이였다. 그리고 의찬이는 얼마 안 되어 이렇게카톡을 보내왔다. 나는 의찬이의 마음을 알고자 기도하는 심정으로 읽었다.

## 의찬이의 메시지

안녕하세요. 존경하는 최관하 선생님. 선생님께 글을 쓰는 이 순간 정말 설렙니다. 제가 책을 읽으면서 쓴 마지막 글을 김OO 선생님으로부터 전해 들으셨을 거예요. 여름방학 동안 매일 아침, 집에서 밥을 먹고 독서실에 가서 큐티를 하며 말씀을 묵상한 뒤, 14일간 약 1시간 동안 「울보 선생의 명품 인생」을 읽고 글을 쓰는시간을 가졌습니다. 간단한 제 이야기와 함께 책을 읽으면서 느낀 점들을 나누고싶습니다. 관계의 형성은 사랑을 전하는 것부터 시작한다던 선생님, 먼저 사랑의 인사를 전합니다.

첫 장부터 저를 변화시켜 줄 책이라는 생각이 강하게 들었습니다. 그리고 학업의 압박감을 안고 살아가면서 미처 깨닫지 못한 것들을 깨닫는 귀중한 시간이었습니다. 제가 알지 못했던 또래들의 힘든 삶들, 마음속 생각들도 알게 되고 제 자신을 가꾸는 시간이 되었습니다.

책을 읽고 가장 기억에 남는 단어는 지혜입니다. 제 3장에서 지혜에 관한 내용을 보며 머리가 갑자기 맑아지는 느낌을 받았는데, 그 느낌은 아직도 생생합니다. 또한 책 전반에 걸친 선생님의 실제 사례들을 보며 '최관하 선생님은 어떻게 이토록 지혜로울 수가 있지'라는 생각을 많이 했습니다. 저는 평소에 지혜롭지 못해 잘못된 판단을 하는 경우가 많습니다. 어쩌면 지식만을 추구하며 살아왔던 것 같습니다. 저에게 지혜의 중요성을 깨닫게 해주셔서 감사합니다.

책을 읽으면서 난생 처음 기부를 했습니다. 그동안 다른 사람을 위해 살고 싶다면서도 기부는 하지 않았던 제 자신이 정말 부끄러웠습니다. 기부를 하니 제 안에 행복이 가득 참을 느꼈습니다.

저의 성격에도 변화가 일어났습니다. 162cm에 잘생긴 얼굴이 아니어서 외모에 불만이 많았습니다. 또한 고3이라는 이유로 가족에게 예민하게 굴고 따뜻한 말 한마디도 하지 않았습니다. 외모는 내면에서 나온다는 선생님의 글을 읽고 나서 요즘은 말투나 표정을 많이 고쳤습니다. 이밖에도 크고 작은 긍정적인 변화들을 느꼈습니다. 게으름을 이겨 내고 하루하루 계획을 세워 실천할 수 있도록요.

책에 나온 선생님이 겪으신 사례들을 볼 때마다 얼마나 감동을 받고 눈물을 흘렸는지 모릅니다. 보통의 선생님들에게서는 보지 못했던 아이들을 향한 선생님의 사랑이 고스란히 느껴졌습니다. 학급 아이들과 캠프를 하며 시간을 보내는 장면, 힘든 아이들을 진심으로 격려하고 도와주시는 장면, 공개 수업을 눈물 바다로 만드셨던 장면 등 지금 생각해도 얼마나 마음이 감동으로 채워지는지 모릅니다.

그중 가장 큰 감동을 차오르게 했던 이야기는 선생님께서 운동장에서 아이들을 혼내신 후, 가을하늘을 바라보며 격려해 주시는 장면입니다. 이 장면을 읽는 동안 저는 이미 그 아이들 중 한 명이었습니다. 그때 혼자 독서실에서 얼마나 울었는지 모릅니다. 그리고 그 순간 엄청나게 다양한 감정이 몰려 왔습니다. '나의 미래는 넓게 펼쳐져 있구나, 학급 활동 하나 없이 매년 그저 지나온 3년의 아쉬운 시간들. 최관하 선생님은 어떤 분일까 정말 만나 보고 싶다.' 이런 다양한 감정으로 덮여 있다가 갑자기 '나도 국어 교사가 되어야 하나'라는 생각이 들었습니다. 이 생각이 순간 마음속을 치고 들어오는 느낌을 받았는데 갑자기 몸이 긴장된 것같이 심장이 뛰었습니다. 그리고 머릿속에서는 계속 '나도 최관하 선생님처럼 멋진 선생님이 되고 싶다'라는 생각이 맴돌았습니다. 저도 제 감정이 갑자기 왜 그렇게 흘러갔는지는 모르겠습니다. 한편으로는 기존에 가지고 있던 의사의 꿈이 떠올랐습니다. 자신을 알고 마음을 지키며 살아가길 다짐했으면서도 바르게 흘러간 감정을 감당할 수 없었습니다. 제가 어렸을 때부터 의료 선교사가 되어 어려운 사람들을 도우면 좋겠다고 말씀하신 아버지, 꿈이 없이 지내오다 고1때 텔레비전에서 한쪽 다리가 절단된 아프리카 아이를 보며 의사가 되어야겠다고 다짐한 순간들이 떠올랐습니다. 그러다가 또 선생님처럼 아이들을 사랑으로 이끄는 사람이 되고 싶었습니다. 두 감정이 공존해 오다가 3일 전에는 김OO 선생님과 대화를 나누었습니다. 말씀으로 위로와 격려를 받고 하나님께서 어느 길이든 인도하고 계신다는 것을 느꼈습니다.

그 뒤 제가 너무 섣불리 판단했다는 생각도 들고 많은 것을 해야 한다는 욕심도 있었던 것 같다는 생각이 들었어요. 대화를 하니까 마음이 좀 편해지더라고요. 어쩌면 책에서 나온 것처럼 '순간순간 최선을 다하며 사는 것이 가치 있지 않나'라는 생각이 들었습니다.

사실 요즘 정확한 원인을 모른 채 마음이 불안하고 긴장된 느낌이 드는데, 그때마다 최관하 선생님과 대화하고 싶은 마음이 들었습니다. 수능은 얼마 남지 않았고, 최저 점수를 맞춰야 하고, 실력은 점점 떨어지는 것 같고, 집중력도 잃어가는 것 같은 느낌과 불안감이 들었어요. 공부를 잘 못하는 아이를 하나님께서 인도하셔서 좋은 점수로 내신을 마무리해 주시고, 남은 수능도 하나님께서 인도하실 것을 믿는데, 왜 자꾸 몸은 불안감에 휩싸이는지 모르겠어요. 식욕도 떨어지고 갑자기 '공부를 왜 하고 있나'라는 생각까지 들면서요. 현재 수능 공부에 최선을 다하는 게 맞다는 생각이 들면서도, 공부에 집중이 잘 안되고 불안하고 무기력해지고, 긴장 속에서 지내게 되어 너무 힘들었습니다. 다짐한 내용과 반대로 사는 것 같은 모순적인 기분이 들기도 하고요. 잠을 자도 깊이 자지 못해 계속 피곤합니다. 불안감이 들 때마다 최관하 선생님과 대화하고 싶은 생각이 들었어요. 저도 모를 이 불안감이 해소되고 다시 학업에 집중할 수 있길 기도해 봅니다. 머릿속의 복잡한 생각들이 없어지고 집중할 수 있길, 하나님이 기뻐하시는 길을 향해 담대히 나아가길 기도합니다.

쓰다 보니 글이 너무 길어졌네요. 전화로 선생님의 목소리를 들으며 말하고 싶은데 막상 전화하면 제가 아무 말도 못할까 봐 카톡으로 보내요. 근데 글을 쓰고 나니까 '통화로 할 걸 그랬나'라는 생각도 드네요. 선생님의 책은 제가 지금까지 본 책과 영화를 통틀어서 제게 가장 큰 감동이 되었어요. 청소년 시기가 지나기 전에 읽어서 얼마나 다행인지 몰라요. 책을 읽으며 매일 다짐한 내용들과 함께 명품 인생을 향해 나아가겠습니다. 선생님께서 항상 마지막 문장에서 '청소년들이여!'라고 쓰신 부분을 보면서 가슴이 벅차오름을 느꼈습니다. 저도 그렇게 글을 마무리하고 싶네요.

최관하 선생님! 명품 인생을 향해 나아가도록 해주시고 깊은 감명을 주셔서 감사합니다. 정말 평생 이 책과 선생님을 잊지 못할 거예요. 그리고 선생님께 직접 배우진 않았지만 선생님께 책으로 배운 제자로 남고 싶습니다. 언젠가 선생님을 직접 뵐 수 있으면 좋겠네요. 긴 글 읽어 주셔서 감사합니다.

-지극히 평범한 한 고3 학생 올림-

### 너를 만나러 갈게

나는 의찬이의 글을 읽으며 깜짝 놀랐다. 남자 아이의 글에 묻어나는 진솔한 마음과 간절함, 그리고 감성까지 가득했기 때문이다. 의찬이가 정말 내 책을 열심히 읽었고 그 글에 파묻혀 있다는 생각이 들었다. 그래서 더욱 이 아이의 고민에 공감되었다.

의찬이를 위해 기도했다. 하나님의 인도하심이 있으리라 믿고 한참을 기도했다. 기도하는 가운데 깨달음이 왔다. 하나님께서는 내가 빠른 시간 안에 의찬이를 만나기를 원하고 계셨다. 이내 나는 의찬이에게 카톡을 보냈다.

의찬아~^^. 반가워. 최관하 샘야♡

난 어제 강원도에 있었는데, 김 샘한테 네 이야기 전해 들었단다. 조금 전 서울에 왔어. 먼저 카톡 글에 담긴 네 진심에 감탄했고, 글을 참 잘 쓰는 아이라는 것에 놀랐단다. 진로에 대한 고민과 더불어 할 얘기가 많겠구나. 시간을 내어 얼굴을 보는 게 좋을 것 같아. 요즘에도 학교에 나가고 있니? 개학은 언제니?

이내 의찬이에게 답장이 왔다.

정말요??????? 개학은 이번주 목요일에 했어요. 월화목금에 야자를 하고 있는데 방과 후랑 야자를 빼면 4시 반 이후에 언제든지 시간이 돼요. 토요일에는 오전부터 학교에서 자습을 하고 있고 4시부터 10시까지는 학원에 가요. 하지만 뺄 수 있어요. 주일에는 오후 예배까지 마치고 4시부터 10시까지 학원에 가요.

기본적인 일정은 이렇게 돼요! 정말 선생님을 만나게 될지 꿈에도 몰랐어요. 정말 감사합니다.

그리고 드디어 8월 20일 토요일, 의찬이를 만나러 전남 광주로 가는 KTX에 몸을 실었다. 한 학생을 위해 그동안 지방을 다닌 적이 여러 번 있었지만, 이번처럼 내 책을 읽고 고3, 1학기가 끝나는 시점에 전공을 바꾸겠다는 아이는 처음이기에 어떻게 말을 해야 할지 염려되면서도 성령님께서 내 입술과 마음을 주관해 주실 줄 믿고 기도하며 의찬이를 만났다.

의찬이는 광주송정역 대합실에서 나를 기다리고 있었다. 크지 않은 키에 성실이 묻어나는 외모였다. 처음 만났지만 무척 반가웠고 기뻤다. 의찬이는 그동안 만나왔던 제자들과 다를 바가 없었다. 그래서 쉽게 대화를 나눌 수 있었다.

기독교사 김 선생님도 함께 하셨다. 역 근처 유명한 맛집에서 식사를 하고 근처 카페로 이동했다. 그리고 대화는 시간 가는 줄 모르고 이어졌다. 12시에 만나 3시간 이상 대화를 나누었다. 즐거운 대화는 계속되었고, 사진도 여러 장 찍었다. 그때마다 의찬이는 무척 좋아했다.

의찬이는 고민하고 있는 내용을 솔직하게 털어 놓았다. 어려서부터 부모님께서 정해 놓으신 의료 선교사의 길, 그래서 의사가 되는 것을 당연히 생각했다는 것, 의사가 되는 것이 싫지는 않지만, 내 책을 읽다 보니, 선생님이 되어서 아이들에게 복음을 전하는 교사로 살고 싶다는 생각이 가득했다는 것, 그런데 시기적으로나 여러 상황에서 지금 이렇게 전공을 바꾸는 것이 하나님의 뜻인지 궁금하다고 했다.

### 글쓰는 복음의 의사가 되렴

나는 이야기를 다 듣고 하나님의 마음을 담아 의찬이에게 천천히 말했다.

"의찬아, 최종 결정은 네가 하는 거지만 내 생각을 묻는다면 이렇게 말해 주고 싶어."

의찬이는 고개를 끄덕였다.

"내가 국어 교사가 되어 복음을 전하는 교사가 된 것처럼, 너는 의사가 되어 아프고 힘든 환자들에게 복음을 전하는 게 좋을 것 같아. 환자를 치료하기 전에 기도하고, 수술하기 전에 복음 전하고 또 기도하고, 만약 돌아가시는 분이 계시면, 그분과 그 가족들을 위해 기도해 주고, 그렇게 복음을 전하면 그것이 내가 선생님으로서 한 역할과 같은 거야. 의사가 되는 것이 정말 싫은 것이 아니라면, 넌 의사가 되는 것이 좋을 것 같아. 그리고 또 한 가지, 너 글 정말 잘 쓰더라. 글 쓰는 의사가 되렴. 환자들을 만나 치료하면서 하나님께서 함께하신 감동적인 이야기들 말이야. 그럼 내가 국어 선생님이 되어서 글 쓰는 사람이 된 것처럼, 너도 의사가 되어 하나님의 사랑을 전하는 글을 쓰면 좋지 않을까? 어떠니?"

그 순간 의찬이의 눈이 커졌다. 그리고 이내 배시시 웃으며 말했다.

"선생님, 금방 제가 갈등하던 것이 없어진 것 같아요. 글 쓰는 의사는 생각도 못해 봤는데, 그리고 의사로 복음 전하는 것도 생각해 보지 못했는데, 그러네요. 감사해요. 선생님."

나는 항상 성구서표를 갖고 다니기 때문에 의찬이에게 말씀을 뽑으라고 했다. 김 선생님도 역시 말씀을 뽑았다. 나는 의찬이와 헤어진 후, 광주에 살고 계신 또 한 분의 선생님을 만나 대화를 나누고 저녁 무렵 서울로 돌아왔다. 그리고 그날 밤 의찬이에게 이런 내용의 카톡이 왔다.

안녕하세요. 선생님, 저를 위해 귀한 시간 내주셔서 감사합니다. 오늘 잊지 못할 하루를 만들어 주셔서 정말 감사해요. 지금까지 저는 그 무엇도, 그 누구도 이렇게 기다린 적이 없었어요. 선생님을 기다렸던 1주일은 기대감에 부푼 채 지냈는데 오늘 그토록 기다리던 선생님을 만나게 되어서 얼마나 좋았는지 몰라요. 선생님께 하고 싶은 말도 많았는데 막상 직접 만나니까 할 말이 잘 생각 안 나더라고요. 지금 생각하니까 너무 아쉽네요. (다음엔 써 가야겠어요.) 저녁을 먹으면서 선생님을 만났다고 부모님께 얘기했어요. (교사가 되고 싶었다는 말은 차마 못했어요.) 선생님에 대해 짧게 얘기해 드렸는데 하나님께서 좋은 선생님과의 만남을 가지게 해 주셨다고 기뻐하시더라고요.

선생님께서 고민을 들어주시고 그에 대해 말씀해 주셔서 정말 좋았어요. 선생님 말씀을 들은 후 의사의 비전이 마음속에서 조금씩 싹트는 느낌을 받아요. 선생님께서 해주신 말씀처럼 의사로서 치료뿐만 아니라 하나님의 사랑과 기도로 환자를 살리고 천국 소망도 주는 의사는 정말 가치 있는 것 같아요. 그리고 그 일들을 글로 남기며 살 수 있다는 것은 너무 기쁜 일이에요. 오늘 뽑은 이사야 30장 18절 말씀처럼 하나님이 하실 일을 기다리는 것 또한 중요하다는 생각이 들어요.

선생님과 헤어진 후 새벽 기도를 나가야겠다는 생각이 문득 들었어요. 개학한 뒤 몸도 마음도 많이 지쳐 힘들었는데, 기도를 하면 뭐든지 이겨 낼 수 있을 것만 같은 생각이 자꾸 들어요. 낼 모레 월요일부터 나가려고 해요. 매일 안 빠지고 새벽 기도에 참석할 수 있길, 수능까지 남은 88일 동안 기도와 말씀으로 이겨 내며 하나님이 주신 사명을 감당할 수 있길 기도해 봅니다.

짧게 쓰려고 했는데 또 길어졌네요. 죄송해요. 선생님, 정말 감사합니다. 저도 선생님을 위해서도 기도할게요. 사랑합니다.

의찬이는 나와의 만남을 무척 기뻐했다. 하지만 의찬이뿐만 아니라 나 역시 의찬이와의 만남이 감사했다. 누군가를 만나서 힘과 위로를 얻으며 그 가운데서 일하시는 성령 하나님을 만난다면 이 얼마나 감사한 일인가!

여기까지 인도하신 하나님께 참으로 감사했다. 그리고 의찬이와의 만남 가운데 연락을 주신 김 선생님께도 감사했다. 의찬이의 삶을 하나님께서 인도하여 주시고, 복음을 전하는 의사로 온전히 인도하실 줄 믿는다.

### 대학에 합격한 의찬이

의찬이는 전북대 의과대학에 합격했다. 그리고 내가 있는 서울 북촌으로 찾아왔다. 점심 식사를 같이 하며 여러 이야기를 나누었다. 의찬이는 나와의 만남 자체를 무척 기뻐했다. 그리고 다시 집으로 내려간 후에 자신이 쓴 글이라면서 이런 글을 보내왔다.

수능 이후, 마음껏 돌아다니고, 많은 글을 쓸 수 있다는 것이 큰 즐거움이다. 3월에 개강하면 엄청 바쁠 것 같다. 여유로운 시간을 보낼 수 있는 것도 수능을 끝낸 고3의 특권인 것 같다.

어제는 11시 반쯤 서울에 도착하여, 북촌에 계신 최관하 선생님을 잠깐 뵈러 갔다. 더작은재단 직원 분들도 만나 인사하며 함께 기도했는데, 모두 따뜻하게 맞아 주셔서 감사했다. 선생님과의 만남의 스토리를 글로 남겨 볼까 한다.

최관하 선생님은 책을 통해 만나게 된 특별한 분이다. 또한 나에게 좋은 영향을 주신 분이라서 더욱 감사한 마음이 든다.

한편으로는 선생님께 매우 죄송하기도 하다. 선생님께서 책을 쓰신 의도와는 다르게, 어쩌면 정말 뜬금없이 "국어 교사가 되고 싶다"고 말한 점은 책을 쓴 저자로서의 선생님께 죄송한 마음이 든다. 아마 내가 저자였다면 상실감이 들었을 것 같기도 하다. 그럼에도 당시의 내 감정과 글들을 다 받아주셔서 감사하다.

지금 생각해 보면 국어 교사가 되고 싶었던 게 고3을 보내며 스쳐 가는 감정이었을 수도 있다는 생각이 든다. 혹은 진로에 대한 확신과 목표가 불분명했던 나에게 뚜렷한 비전을 주시려는 하나님의 뜻이었을 지도 모른다. 최관하 선생님을 만나며 '기도하는 의사'가 되겠다는 비전을 가졌기 때문이다.

선생님은 "네가 환자들을 위해 기도하고, 복음을 전하는 의사가 되면 좋겠다"고 말씀해 주셨다. 이는 내가 한 번도 생각해 본 적 없는 것이었다. 그 이후 처음으로 진로에 대한 진지한 고민을 했고, 새벽 기도를 나가면서 이제껏 없었던 비전의 확신을 얻었다.

사실 그렇다고 의대에 들어갈 성적이 되지도 않았다. 내신은 어느 정도 괜찮게 마무리되었지만, 모의고사에서 성적이 계속 안 좋았기 때문이다. 최저등급은 단 한 번도 맞춘 적이 없었고, 마지막 9, 10월에는 전 과목 3, 4등급을 맞으며 힘든 시기를 보냈다. 담임 선생님을 비롯해 주변 사람들은 재수를 권하기도 했다. 하지만 만약 하나님께서 내가 의사가 되기 원하시면 어떻게든 길을 열어 주실거고, 아니라면 막으실 거라는 믿음이 있었기 때문에 기도하며 나아갔다. 그리고 결국 수능에서 처음이자 마지막으로 최저등급을 맞추고 의대에 합격하게 되었다. 기도하며 복음을 전하는 의사가 되는 것이 하나님께서 원하시는 길이구나를 느끼게 되었다. 아무리 생각해도 이런 높은 점수가 나온 것은 내 힘으로 한 게 아닌 것 같다.

결국 모든 것은 하나님께서 이끌어 가신다는 것을 경험했다.

최관하 선생님의 책에 나온, 청소년들을 향한 선생님의 외침들, 명품 인생을 위한 9계명이 마음속에 남아 있다. 이는 마지막 청소년기를 보내며 청년기를 시작하는 나에게, 명품 인생을 향한 삶으로 도약하기 위한 바탕이 될 것이다. 이 시대에 선하고 아름다운 영향을 끼치는 의사가 되길 다짐한다. 나도 나중에 명품 인생을 살고자 노력하는 사람을 키워 낼 수 있는 사람이 되고 싶다.

최관하 선생님을 통해 빛고을고의 기독교 활동에도 많은 발전이 이루어졌다. 중학교 시절부터 나의 오랜 고민은 '그리스도인으로서 학교에서 친구들을 위해 어떤 것을 할 수 있을까?'였다. 몇 명의 친구에게 직접적인 전도도 해 보았지만, 거절당하기 일쑤였다.

지난 여름, 선생님께서 청소년 캠프에서 강의하신 영상을 보내 주셨다. 영상을 통해 선생님의 이야기, 영훈고의 기독 활동 이야기들을 들을 수 있었다. 영훈고 학생들이 모여 학교를 위해 기도하고, 교장 선생님을 위해 기도하는 장면들은 나에게 큰 감동과 깨달음을 주었다. '내가 그리스도인으로서, 친구들을 위해 기도하고, 학생들과 기독교사들을 위해 기도할 수 있구나!'

그렇게 혼자 학교를 위해 기도하기 시작했다. 그리고 얼마 후 기독 동아리 담당인 김 선생님께도 학교를 위해 기도하고 있다고 말씀드렸다. 김 선생님께서는 우리 학교 몇 명의 기독교사들과 모임을 하고 계셨지만, 함께 기도할 학생이 생기길 기도하고 계셨다고 했다. 그리고 내가 학교를 위해 기도하고 있다는 말을 선생님께 전했을 때, 선생님의 기도 응답인 것 같다고 하셨다.

그렇게 학생과 교사가 함께하는 아침 기도 모임이 시작되었다. 장소 때문에 수, 금 아침 30분씩 기도 모임을 가졌다. 이번 방학식 때까지 나를 포함해 총 4명이 함께 기도했다. 기도 모임을 하면서 학교와 학생, 교사를 위해 기도하는 것이 얼마나 가치 있는 일인지 깨닫게 되었다. 친구들을 위해 기도하니까 더 열심히 복음을 전하게 되고, 우리 반 두 명의 친구를 기독 동아리로 인도할 수 있게 되었다. 어제는 최관하 선생님과 이 이야기를 나누었다. 그리고 선생님을 통해 빛고을고를 향한 비전을 얻게 되었다.

"기도 모임 이름을 정하고 기수를 정해서 후배들에게 계속 기도 모임이 이어지도록 하는 것이 필요해. 공립학교이기 때문에 선생님은 계속 바뀌지만 학생들이 함께 하는 기도 모임은 지속할 수 있어. 홍보 포스터를 통해 기도할 학생들을 모집하면, 많은 학생이 기도 모임에 참여하게 될 거야. 그리고 너는 졸업생으로서 종종 학교에 방문해서 후배들을 격려하고 기도 모임이 계속 이루어지도록 돕는 역할을 하렴. 필요한 것이 있다면 재단을 통해 도와줄게."

선생님의 말씀이 나에게 큰 도전과 비전이 되었다. 어쩌면 최관하 선생님과의 만남 속에 빛고을고를 변화시키려는 하나님의 뜻이 있었다는 생각이 든다. 2월 말에 동아리 후배들을 만나서 관련된 것들을 계획할 예정이다. 또한 올해 새롭게 교체되는 20여 명의 교사와 1학년 신입생 가운데, 예비 된 기독교사와 기독 학생들이 있길 기도한다.

최관하 선생님과의 만남이 이어지게 해주신 하나님께 감사드리며.

## 하나님께 감사해요

하나님의 방법으로 만나게 된 의찬이. 의찬이의 행보를 보며 계획 가운데서 일하게 하시고, 인도하시는 하나님의 마음을 읽을 수 있었다.

의찬이가 하나님의 마음을 품고 기도하는 의사가 되기를 간절히 기도한다. 또한 글 쓰는 의사가 되기를 기도한다. 병든 사람의 육체만 살리는 것이 아니라 영혼까지도 살릴 수 있는, 기도하는 의사가 되기를 기도한다.

하나님의 섭리 가운데 겸손하게 순종하는 의찬이를 축복하실 줄 믿는다.
그리고 의찬이를 아름답게 사용하시고 영광받으실 줄 믿는다.

# 32. 스승의 날 이야기

내가 너희에게 분부한 모든 것을 가르쳐 지키게 하라
볼지어다 내가 세상 끝날까지 너희와 항상 함께 있으리라 하시니라.
(마태복음 28장 20절)

스승의 날을 맞이했다. 코로나로 인해 아이들은 등교하지 못했다. 그러나 얼굴을 보기 어려운 상황임에도 나를 찾아오는 옛 제자들이 있었고, 전화나 문자로 감사 인사를 하는 제자도 있었다. 이런 제자를 둔 스승의 삶은 어떤 상황에 있든지 고맙고 감사하다.

금년에는 며칠 전부터 이런 생각이 나를 지배했다.

'나는 우리 아이들에게 있어 스승이지만, 그보다 먼저 나의 스승이 계셨다. 나에게 좋은 가르침을 주신 선생님께 먼저 감사를 드려야 옳지 않을까.'

가끔씩 생각나는 은사님들께 안부 인사를 드리곤 했지만, 이런 마음까진 아니었다. 그렇다. 사람은 태어날 때부터 누군가의 스승이 될 수 없다. 태어나고 자라는 순간순간마다 나에게 영향을 끼친 선생님이 계셨고, 여러 어른들이 계셨다. 나이가 들어갈수록 잊으면 안 되는 것은, 나에게 영향을 주신 그 어른들에 대한 감사라는 생각이 들었다.

한때는 나에게 잘해주시는 분들만 '좋은 분들'이라고 생각한 적이 있다. 하지만 시간이 흐를수록 누구 한 분도 소중하지 않은 분이 없다는 생각이 들었다. 그것은 나에게 영향을 주신 한 분 한 분으로 인해 지금의 내가 있기 때문이다. 여기까지 생각이 이르자 나는 그 마음을 표현하기로 작정했다. 작은 엽서에 붓펜으로 이렇게 썼다.

"선생님! 바르게 가르쳐 주신 은혜에 감사드립니다. 2020년 스승의 날에. 제자 최관하 올림."

그리고 스승의 은혜에 감사하다는 엽서 사진과 더불어, 한 분 한 분 은사님을 생각하며 모두 열다섯 분에게 짧은 안부와 감사 인사를 카톡으로 전했다.

## 은사님들의 회신

나를 가르친 은사님들 중에는 현재 90세 가까이 되신 분도 계셨다. 86세 되신 한 은사님은 내 엽서를 받고 이런 회신을 주셨다.

최관하 선생님은 한결같이 좋은 선생님이군요. 훌륭해요. 그리고 부럽습니다. 돌이켜 보면 나는 3명의 자녀와 어머니를 모시고 사느라 바빠서 솔직히 학교생활에서 나를 바라보는 아이들에게 무조건적인 사랑을 주지 못했어요. 퇴근길이 늘 바빴던 것이 아주 많이 후회되었지요. 학교를 떠난 지 벌써 22년이나 되는군요. 금년에 마스크를 사는데 고령이란 단어가 붙었어요. 카네이션 꽃이 나를 부끄럽게 하며 감사함을 느낍니다. 끝까지 좋은 선생님이길 응원하며 건강하기를 바랍니다.♡♡♡

그리고 이런 회신을 주신 분도 계셨다.

> 최 선생, 고맙네. 누구보다도 영훈 학원의 하나님 나라 확장을 위해 기도하며 열
> 정을 다 바치는 최 선생을 위해 기도하겠네.
> 청출어람(靑出於藍)의 제자가 있어 든든하네. 늘 고맙고 반가우이.

은사님들의 회신을 읽던 중 마음을 울리는 글에 한동안 시선이 고정되었다.

> 수많은 제자 중 유일하게 보내온 메시지에 감사하고 감동받았다오. 최 목사님도
> 늘 강건하기를 기원하오.

이 회신을 주신 선생님은 현재 80세를 넘기신 분이다. 항상 따뜻하고 인자하신 선생님으로 기억된다. 그동안 가르친 고등학교 제자들만 해도 가히 천 명은 넘을 것이다. 그런데 이번에 내가 보내드린 것이 유일하게 제자에게서 온 메시지라니. 순간 가슴이 먹먹함을 느꼈다.

한편으로는 그동안 연락을 자주 못 드린 것이 매우 죄송하기도 했다. 그리고 이번 스승의 날을 맞이하여 이렇게 연락을 드리도록 인도하신 하나님께 참으로 감사했다.

## 제자의 스승

내 책상 위에 부재중 전화 메모 하나가 있었다. 부산에서 온 전화였고, 1995년도에 내가 담임을 맡았던 학생이라고 했다. 반추해 보니 1995년도

면 1학년 여학생 학급이었고, 모교인 영훈고로 와서 첫 담임을 했을 때 만난 학생이었다.

그 당시 아이들은 여러모로 우수했다. 환경 미화, 체육 대회, 정기 고사 등 모든 것에 1등을 하는 학급이었다. 그때 아이들을 대상으로 나는 최선을 다해 내가 가진 모든 것을 쏟아 부으며 교사 생활을 했다. 참 많은 상담을 했고, 다양한 학급 활동, 학급 체육 대회, 우리 농산물 먹기의 날, 학급 MT, 그리고 매일 모둠 일기를 쓰며 소통에 힘쓰기도 했다. 그때 아이들이 손으로 썼던 모둠 일기 수십 권은 지금도 보관하고 있다.

전화를 건 그 아이가 누구일지 무척 궁금했다. 더욱이 서울이 아니라 부산에 있다고 했는데 아무리 생각해 봐도 그 전화의 주인공을 도저히 생각해 낼 수 없었다.

그리고 잠시 후 다시 걸려온 전화.

"최관하 선생님 계세요?"

목소리를 들었지만 누군지 전혀 감이 잡히지 않았다. 나는 대답했다.

"네, 접니다."

그때 상기된 목소리가 들려왔다.

"선생님, 저예요. 혜진이. 95년도에 선생님 반이었던. 기억나세요?"

나는 밝은 목소리로 대답했다.

"아! 혜진이구나. 내가 우리 반 회장님을 잊어버릴 수가 있나? 응?"

"네, 선생님. 목소리가 여전하시네요."

그때부터 시작된 대화는 40분간 계속되었다.

"선생님, 저 그때 우리 학급 급훈을 잘 실천하고 있어요. '배워서 남 주자'였잖아요. 부산에 있는 병원에서 의사로 있어요. 남편도 의사고요. 아이도 둘이에요.”

나이를 물어 보니, 금년에 40살이 되었다고 한다. 17살의 여고생으로 내 기억 속에 각인된 아이였다. 그런데 40살의 중년이 되어 남편과 자녀에 대해 얘기하는 것이 전혀 어색하지 않았다. 그것은 제자 혜진이만이 아니라 나 역시 세월의 흐름을 함께 타고 있기 때문이다.

혜진이는 그 당시 우리 학급 아이들의 언니 역할을 했다. 듬직하고 신뢰가 있으며, 매우 성실하게 모든 일을 열심히 하는 아이였다. 아이들의 부러움을 사기도 했지만 혜진이는 나름대로 고민하며 고등학교 시절을 보냈고, 그것은 모둠 일기에도 가끔씩 나타나곤 했다.

“선생님, 그때 선생님의 가르침 덕분에 제가 이렇게 살아가고 있어요. 감사합니다.”

대화 중 혜진이를 통해 들은 이 말은, 오전에 나의 은사님께 내가 표현한 것과 같은 말이었다. 오전에는 내가 누군가의 제자가 되고, 오후에는 내가 누군가의 스승이 되어 하루를 감사하게 보낼 수 있게 허락하신 하나님께 마음으로 감사의 기도를 드렸다.

학급 아이들의 근황도 살피며 계속 이야기하던 중, 자연스럽게 신앙 이야기로 옮겨졌다.

“혜진이는 교회에 나가고 있니?”

“네, 그럼요. 고등학교 때는 안 나갔잖아요. 그런데 믿음 좋은 남편 만나서 저도 가고 있어요. 부산 S교회예요.”

S교회는 부산에서 꽤 규모가 있고, 건강한 교회로 알려져 있다. 이 말을 듣는 순간, 그 어떤 이야기보다도 감사하고 기뻤다.

“잘했다. 참 잘했어. 하나님, 감사합니다.”

나는 혜진이와 통화로 기도하기 시작했다. 혜진이는 내가 기도를 하는 중간중간 "아멘, 아멘"을 계속하고 있었다. 그 소리를 들으며 기도하는 나는 마음에 감사와 감동이 일고 있었다.

스승이 제자에게 줄 수 있는 가장 귀한 선물은 무엇일까? 그것은 바로 기도일 것이다. 그것을 깨닫게 하신 하나님, 그리고 그것을 실행토록 인도하시는 하나님. 오랜만에 생각나게 하시고, 찾게 하시고, 스승과 제자가 함께 기도하게 하시는 하나님께 깊은 감사를 드릴 수밖에 없는 스승의 날이었다.

# 33. 선생님, 저 암이래요

그러나 내가 나 된 것은 하나님의 은혜로 된 것이니
내게 주신 그의 은혜가 헛되지 아니하여 내가 모든 사도보다 더 많이 수고하였으나
내가 한 것이 아니요 오직 나와 함께 하신 하나님의 은혜로라.
(고린도전서 15장 10절)

SNS 시대를 살며 다소 불편한 것도 있지만, 유익한 것도 많은 것 같다. 그 가운데 하나가 내가 전화번호를 저장해 둔 사람이 생일을 맞이하면, 카톡에 공개가 되는 것이다.

나는 현재 제자들뿐만 아니라 예전 제자들의 전화번호도 휴대전화에 저장해 두고 있기 때문에 잠시 잊고 있던 제자들의 생일과 이름이 카톡에 뜨면 반가움을 금치 못한다. 그 가운데는 얼굴과 모습이 잘 떠오르지 않는 제자들이 있기도 하다. 또한 학창 시절 때와 무척 다르게 변한 외모로, '그때 그 아이가 맞나' 하는 생각이 들 때도 있다. 가끔은 휴대전화 번호가 바뀐 경우가 있기도 하지만 말이다.

이렇게 생일을 맞이한 아이들에게는 간단한 축하 메시지, 그리고 생일 축하 노래를 보내기도 한다. 짧막한 글이지만 축하 메시지를 예전 선생님으로

부터 전달받은 제자들은 무척 기뻐한다. 이따금 졸업한 지 오래된 제자들은 나의 축하 글을 받은 후, 이런 메시지를 보내온다.

"졸업한 제자까지 챙기시는 영원한 선생님!"

## 마침 선생님이 생각났어요

혜미는 졸업한 지 10여 년이 훌쩍 지난 제자 중 한 명이다. 나는 항상 하던 것처럼 카톡에서 혜미의 생일 알람을 보고, 반가운 마음에 축하 메시지를 보냈다.

> 혜미야! 그동안 잘 지냈니? 생일 축하해. 하나님의 축복과 은혜가 가득하길 기도
> 한다. 카톡에 떠서 알았단다. 오늘 기쁘고 즐겁게 보내. 축하해!

이어서 혜미의 "감사하다"는 내용이 담긴 답장이 왔다. 그리고 약 한 달간의 시간이 흘렀다. 혜미에게서 카톡이 왔는데, 그 글귀에 고민이 가득 묻어 있었다. 그 내용은 이렇다.

"쌤~ 지금 많이 바쁘실까요? 갑자기 마음이 불안해서요. 쌤한테 기도 부탁드리려고요!"

나는 운전 중이었지만, 왠지 불길한 예감에 스피커폰으로 전화를 걸었다. 혜미는 나의 걱정과는 달리 밝은 목소리로 전화를 받았다. 그리고 그렇게 대화가 시작됐다.

"선생님, 사실 지난 번 생일에 선생님께서 축하해 주셨잖아요. 그날 저, 병원에 있었어요. 배가 아파 병원에 갔는데, 정확한 진단이 나오지는 않았지만, 좀 좋지 않은 것 같아서요. 그런데 오늘 검사 결과 확인하러 갔는데, 선

생님, 저 …… 암이래요."

점점 혜미의 목소리가 염려와 걱정이 가득하며 잦아 들어갔다. 혜미는 계속해서 말했다.

"그런데, 누구한테 말하기도 그렇고, 또 주위에 기도하는 사람이 있어도 솔직히 다 말하기도 내키지 않고요. 아직 미혼인데 자궁내막암이라서, 털어놓기도 어려워요. 쌤, 저 지금 많이 걱정되고 혼란스러워요. 그런데 마침 선생님 생각이 났어요. 선생님이라면 진심으로 기도해 주실 수 있을 것 같아서요."

나는 혜미의 이야기를 들으며 마음으로 기도하고 있었다.

'얼마나 놀랐을까? 그리고 얼마나 걱정이 될까?' 일단 혜미를 위로하고 기도했다. 그리고 집에 돌아와 혜미에게 카톡을 보냈다.

> 혜미야, 염려와 걱정이 아니라 소망과 기대감으로 하나님께 기도하렴. 하나님의 선하신 뜻이 널 통해 나타날 거야. 오늘부터 매 순간 너의 회복과 치유를 위해 기도할게. 연락 주어 고마워.

혜미의 병명은 '자궁내막암', 며칠 후 MRI를 찍고 전이 여부를 검사하기로 했다고 한다. 다음은 혜미가 나에게 보낸 메시지다.

> 쌤! 저도 하나님을 믿고 불안이 없어지길 바라는데 혼자서는 잘 안되더라고요. 아빠도 담관암으로 저 대학교 4학년 때 돌아가셨거든요. 제가 가장 의지하는 사람이 언니인데 언니가 알면 너무 놀랄 것 같아서 아직 말을 못했어요. 그래서 더 마음이 불안했는데, 쌤이 생각났어요! 엄마한테는 제가 강한 딸이고 의지하는 딸이어서 약한 모습을 보이기가 어려워요. 엄마가 더 힘들어할까 봐서요.

## 기도가 큰 힘이 됐어요

그리고 다음 날, 혜미에게서 연락이 왔다.

"쌤~ 오늘 학교 계세요? 저 오늘 재택 근무여서 집에서 일하고 있어요. 쌤 계시면 일 끝나고 학교로 가려고요!"

혜미는 학교로 찾아왔다. 졸업한 지 십수 년이 지난 제자. 이제는 행복한 가정을 이루어야 할 시기인데, 암으로 어려움을 겪는 제자. 하지만 살다 보면 누구에게나 닥칠 수 있는 일들, 예상치 못한 일이 얼마나 많은가? 나와 혜미는 무척 반갑게 만났고, 지난 추억과 현재의 이야기를 나누는 행복을 누렸다.

"선생님은 어떻게 그대로세요?"

나는 웃으며 농담처럼 말을 이어갔다.

"하하하, 네 눈이 아주 맑아졌구나. 영안(靈眼)이 밝아졌나 봐."

혜미는 즐겁게 이야기를 계속했다.

"선생님, 그때요. 생일 때 축하해 주신 거요. 참 기뻤어요. 그리고 이번 일을 겪는데 정말 선생님이 생각난 거예요. 왜 그런가 했더니, 선생님께서 저희를 위해 항상 기도해 주셨잖아요. 수업 시간에요. 저는 그때 교회도 안 다니고, 기독교 신자도 아니었거든요. 언니는 교회에 다녔지만요. 그래도 선생님이 하시는 기도가 정말 좋았어요. 위로도 되고 평안해지고요. 그래서 이번에 더 선생님이 생각난 것 같기도 해요."

혜미의 이야기를 들으며, 수업 전에 기도하며 시작하게 하셨던 하나님을 다시금 떠올리게 되었다. 그때 하나님께서는 기독교 학교가 아님에도 매 수업 시간 기도하게 하셨고, 아이들도 그렇게 기도하는 것에 동의하도록 인도하셨다. 그 십수 년간의 수업 시간 기도로, 하나님께서 우리 아이들을 얼마나 많이 축복하시고 또 회복시켜 주셨는지 모른다. 그리고 그 끈질긴 기도의 연속으로 하나님께서는 결국 영훈 학교를 기독교 학교로 바꾸어 주시면서, 영훈 학교를 놓고 기도한 많은 사람의 기도에 응답하셨다.

하나님께서는 그 기도로 말미암아 영훈고에 하나님의 사랑이 흐르도록 역사하여 주시고, 또 그 당시 학생이었던 제자에게 십수 년이 지나서 날 이런 간증을 듣게 하시니 얼마나 감사한지, 내 가슴 아래 한 켠에서 뜨거운 감동이 치솟았다.

혜미는 학교를 졸업한 후, 교회에 나가기 시작했지만, 언젠가부터 믿음 생활도 형식적이 되었다고 고백했다. 그러면서 혜미는 이렇게 말했다.

"선생님, 왜 이런 일이 저에게 일어난 걸까요? 제가 무엇을 잘못한 걸까요? 벌 받는 건가요?"

나는 속으로 기도하며 끝까지 혜미의 이야기를 들었다. 그리고 혜미를 위로하며 기도했다.

그리고 나서 얼마 후, 하나님께서는 훌륭한 의사 선생님을 혜미의 주치의로 정해 주셨고, 진료는 빠른 속도로 진행되었다. 투명 암세포라고 하며 좀 더 정밀한 검사가 필요하다고 했다. 그래서 사흘 동안 입원하여 여러 조직 검사를 하고 pet ct까지 찍었다고 했다.

그리고 검사 결과가 나올 즈음 그 후의 날짜로 바로 수술 일정도 잡아서, 더 불안하다고 했다. 매우 위험해서 이렇게 빨리 검사가 진행되고 수술하는 것 아니냐는 얘기였다. 하지만 한편으로는 이 또한 하나님의 은혜라고 볼 수 있다. 수술이 가능하다는 것도 감사하고, 여러 조직 검사를 하여 몸 전체를 살펴보는 것도 감사한 일 아닌가. 그리고 시기적으로 어려운 때 직장도 휴직을 잘 할 수 있도록 하나님께서 인도해 주셨고, 기도와 치료를 다 하게 하시니 얼마나 감사한 일인가.

혜미의 요청으로 가정 방문을 했다. 어머니와 언니, 세 식구가 살고 있는 집. 한 시간 남짓 머물며 대화를 나누고, 하나님의 말씀을 바탕으로 어머니와 언니, 그리고 혜미를 위해 기도했다. 앞으로의 진료와 치료 과정에 하나님께서 개입하시길 기도했다.

무엇보다 어머니와 혜미의 떨어진 믿음을 회복시켜 주시길 소망하며 기도했다. 이 과정을 통해 하나님께서 이 가정에, 또 각자에게 간증을 주시길, 혜미의 치료 과정을 통해 많은 사람이 살아계신 하나님께서 일하셨다는 것을 목도(目睹)하길 소망하며 기도했다. 그리고 혜미에게 더욱 강건한 육신을 허락해 주시길 기도했다.

## 혜미의 가족

혜미에게 가장 귀한 기도의 사람은 혜미의 언니 혜진이다. 혜진이도 영훈고 졸업생이며, 혜미의 1년 선배다. 혜미는 인천의 한 학교에서 기간제 교사로 근무하고 있던 중, 동생의 발병 소식을 들었다. 그리고 그때부터 동생의 회복을 위해 헌신적인 기도와 섬김의 삶을 살기 시작했다. 그 전에도 자매의 우애가 좋았지만, 혜미의 암 소식을 접한 후, 언니의 헌신은 눈물겨울 정도였다.

혜진이는 인천에서 매일 출퇴근을 하며, 홀로 계신 어머니와 동생을 돌봤다. 아픈 동생에게 약을 먹이고, 위로하며, 위급 상황에서 응급실로 달려가는 등, 실질적 가장 역할을 하고 있었다. 무엇보다 기도로 나아가는 삶, 하나님께 영광 올려드리는 삶을 사는 기도의 용사였다.

그런 언니를 혜미는 든든히 여기고 많이 의지하고 있었다. 급기야 혜진이는 학교를 그만두고, 가정에서 혜미를 돌보는 데 집중하고 있었다.

몇 번의 응급실행이 있었지만 혜미는 7번의 항암 치료와 12번의 방사선 치료를 다 감당해 내었다. 그리고 몸 관리에 들어갔다. 혜미와 가족은 여기까지 인도하신 하나님께 감사의 기도를 드렸다. 나도 혜미의 치료 과정에 임하신 하나님을 발견하고 함께 찬양을 올려드렸다. 무엇보다 혜미의 신앙이 더욱 단단해졌고, 혜미는 사명을 깨닫고 있었다.

'이 땅에 나를 보내신 이유가 무엇일까, 내가 암에 걸리며 지나온 과정에 하나님의 어떤 뜻이 있을까, 나는 무엇을 하며 하나님께 영광 올려드려야 할까?'

혜미는 이런 고민을 하며 기도하고 있었고, 하나님께서는 그런 혜미와 이 가정을 축복하고 계셨다.

하나님께서는 혜미의 어머니와 언니에게 토스트 사업을 시작하게 하셨다. 강북구 미아역 신일고 근처에 좋은 매장이 나왔고, 이것 또한 여러 사람의 합력으로 매장이 만들어졌다. 혜미도 가끔씩 그곳에 나가 일손을 돕기도 했다.

나 역시 가끔 그곳에 찾아가 대화도 나누고 기도도 하곤 했다. 영훈고에서 행사가 있을 때 이곳에 주문하는 것도 당연한 일이 되었다. 혜미의 삶에 감사의 고백이 넘쳐나는 시간이 지속되고 있었다.

그러던 중, 암 발병으로 휴직했던 로펌에서 혜미의 휴직 기간을 더 연장해 주었다. 혜미는 이 로펌에서 비서로 근무하고 있었는데, 혜미가 조금 더 몸을 추스르고 다음해에 출근하기를 원한 것이다. 그리고 암 발병 후 약 1년이 지날 무렵, 하나님께서는 혜미를 다시 그 회사에 출근하도록 인도해 주셨다. 이 모든 것이 하나님의 인도하심이었고 은혜였다. 혜미는 자신의 삶이 하나님께 영광 올려드리는 삶이 되길 원한다고 고백했다. 그리고 앞으로 하나님께서 인도하시는 대로 살겠다고 고백했다.

'한 번 스승은 영원한 스승, 한 번 제자는 영원한 제자.' 항상 이 말을 되뇌던 나의 마음과 입술을 통해 아픔을 경험하는 한 제자를 하나님의 시간표대로 만나게 하시고, 기도하게 하시고, 회복시켜 가시는 하나님을 찬양한다.

혜미의 앞길 또한 주님께서 인도하시고, 건강뿐만 아니라 가정을 이루는 일, 비전을 이루어 가는 일 등에 하나님께서 축복하시리라 믿는다. 또한 어려운 암 투병 과정을 믿음으로 이겨 내고 하나님의 뜻에 따라 살기를 다짐하는 혜미에게 사랑과 격려의 박수를 보낸다.

# 34. 잘 견디고 나오렴

믿음의 기도는 병든 자를 구원하리니 주께서 그를 일으키시리라
혹시 죄를 범하였을지라도 사하심을 받으리라.
(야고보서 5장 15절)

어느 날 영훈고 신우회 선생님들의 카톡방에 후배 교사인 박 선생님의 기도 제목이 올라왔다.

저희 반 김다현 학생이 큰 수술을 앞두고 입원 중입니다.

지난 건강 검진 엑스레이 촬영 시에 왼쪽 가슴에 덩어리가 보여서 서울대 병원에서 CT 촬영을 해본 결과, 심장 근처 대동맥이 부어 있는 응급 상황이라고 합니다.

통증도 증상도 없어서 이번 건강 검진이 아니었다면 언제 터질지 모르는 폭탄을 안고 있을 뻔 했습니다. 토요일부터 입원 중이며, 내일 수술 일정이 잡힌다고 합니다. 가슴을 열고 하는 수술인데 정작 본인은 무척이나 해맑고 밝게 지내고 있습니다. 발견할 수 있게 해주심에 너무나 감사하고, 수술을 잘 끝내고 다시 돌아올 것을 믿고 있습니다. 기도 부탁드립니다.

박 선생님의 제자에 대한 사랑과 회복을 구하는 간절한 마음이 절절하게 전달되었다. 바로 신우회 선생님들의 회신이 카톡방에 이어졌다.

"우리의 중보를 들어 주시는 하나님, 이 시간 다현이가 큰 수술을 앞두고 입원 중입니다. 집도하실 의사 선생님 손길을 세밀하게 인도하셔서 온전한 치유를 허락하여 주옵소서. 주님, 함께하여 주옵소서. 예수님의 이름으로 기도합니다. 아멘."

"선생님, 기도가 응답되리라 믿습니다. 저도 함께 기도합니다."

"다현이에게 치유의 은혜를 주시사 속히 쾌유될 것이라 확신합니다."

"다현이가 수술을 잘 받고 건강한 몸으로 퇴원할 수 있도록 기도하겠습니다."

나 역시 다현이의 이름을 부르며 기도했다. 박 선생님과 통화를 하는 중에 다현이는 현재 교회에 나가지 않고 있으며, 부모님이 이혼하셔서 언니와 어머니와 셋이서 사는 착한 아이라는 이야기를 듣고, 더욱 긍휼한 마음을 주시는 하나님의 인도하심을 따라 기도했다.

## 네가 찾아가 기도하라

"선생님, 다현이가 수술 날짜가 내일로 확정되었어요. 그런데 좀 무섭나 봐요. 전신 마취를 한다고 하니까요."

점심시간, 식당에서 만난 박 선생님은 자신이 수술받는 것 같은 두려운 얼굴로 나에게 말했다. 제자에 대한 사랑과 염려가 말과 행동에서 묻어 나왔다. 나는 성령님께서 내 안에서 강하게 말씀하시는 것을 감지했다.

'네가 병원으로 찾아가라. 그리고 기도하라.'

나는 성령님께 순종하며 즉각 박 선생님에게 말했다.

"제가 오늘 한 번 찾아가면 좋을 듯한데, 박 선생님이 같이 가셔도 좋고요. 내일 수술이라면서요. 가서 한 번 기도하고 오면 좋을 것 같아요. 하나님께서 자꾸 가 보라는 마음을 주시네요."

박 선생님의 얼굴이 이내 밝아졌다.

"정말요? 선생님이 그렇게만 해주신다면 정말 감사하죠. 제가 병문안 가서도 기도해 주지 못했거든요. 잘 안 해 봐서요. 그런데 선생님이 직접 가서 기도해 주신다면 정말 감사하죠."

나는 빙그레 웃으며 말했다.

"그럼 그렇게 하죠. 이따가 함께 가요."

나는 방과 후에 박 선생님과 함께 다현이 병실을 찾았다.

찾아가서 기도해도 괜찮겠느냐는 문의 전화를 이미 드렸던 터라, 다현이와 어머니는 미소로 우리를 반겼다. 다현이는 매우 귀엽고 예쁘고 순수한 얼굴을 하고 있었다. 나는 아이들이 잘 사용하는 소통의 언어로 말을 시작했다.

"ㅠ^^"

다현이는 소리를 내지는 않았지만 깔깔 웃는 듯한 표정을 지었다. 나는 금세 다현이와 친근하게 이야기를 나눌 수 있었다.

"다현아, 나 아니?"

다현이는 고개를 끄덕이며 말했다.

"네~!"

"어떻게?"

"ㅠ~ 선생님요."

"하하하."

내가 학교 교실이나 복도를 지날 때마다 '규!'를 외치며 인사를 해서, 아이들은 나를 일명 '규!' 선생님이라고도 부른다. 다현이도 그렇게 알고 있는 듯했다.

## 다현이를 위한 기도

이런저런 이야기를 나누던 중, 다현이는 물론 다현이 어머니는 선한 마음을 가진 분이라는 생각이 들었다. 나는 다현이에게 물었다.

"다현아, 마음이 어때? 내일 수술한다면서."

다현이는 순간 경직되는 듯했지만, 미소는 사라지지 않았다.

"괜찮아요. 그런데 마취가 아플 것 같아요."

"하하, 그렇구나. 아플 것 같아서 좀 무서운 거니?"

"네."

"그래, 그런데 여기는 우리나라에서 가장 좋은 서울대 병원이고, 또 하나님께서 너와 함께하실 거니까 염려하지마. 너 학교에서 건강 검진하다가 발견된 거라면서, 얼마나 감사한지 몰라."

다현이와 어머니는 고개를 끄덕였다. 옆에 계시던 다현이 어머니가 말씀하셨다.

"선생님, 정말 감사해요. 저는 학교에서 건강 검진하는 거 잘 안 믿었거든요. 그런데 이번 다현이 일 겪으면서 무조건 신뢰해요. 제 친구들에게도 전화해서 학교 건강 검진 절대 소홀히 보지 말라고 했어요."

나는 웃으며 말했다.

"네, 그러네요. 어머니. 정말 다행이에요."

나는 준비해 간 선물을 다현이에게 건넸다.

"자, 다현아. 이건 내가 쓴 책이야. 「울보 선생의 울보 아이들」 병원에 있으면서 읽어 보고, 그리고 이건 내가 직접 쓴 격려 엽서, 그리고 이건 수술 잘 마치고 맛있는 거 사 먹으라고 용돈, 하하하. 어때? 기분 좋지?"

다현이는 활짝 웃으며 고개를 끄덕였다. 나 역시 웃으며 말했다.

"자, 선생님이 오늘 왜 왔는지 알고 있지? 다현이가 아프지 않고 수술 잘 마치고 빨리 회복될 수 있기를 하나님께 기도하러 온 거거든. 다현이는 어렸을 때 교회 잠깐 나간 적 있다고 들었는데, 하나님께서 살아 계신다는 것을 믿고 있니?"

다현이는 고개를 끄덕였다.

"그래, 그럼 선생님이 기도해도 괜찮겠어?"

"네."

나는 다현이와 어머니, 그리고 박 선생님 모두 손을 붙잡도록 했다. 그리고 다현이의 머리에 손을 얹고 기도했다.

"하나님, 감사합니다. 사랑하는 제자 다현이를 이 땅에 보내 주시고, 지금까지 인도해 주신 은혜에 감사드립니다. 다현이 몸 속에 안 좋은 것을 일찍 발견토록 인도하여 주신 것도 감사합니다. 내일 수술을 하는데 아프지 않고 수술을 잘 마칠 수 있도록 인도하여 주시옵소서. 의사 되신 예수님께서 친히 만져 주시고 수술 후 더욱 강건한 육체와 영적인 축복으로 살아가게 하여 주시옵소서."

기도는 한참 동안 계속되었고, 성령님께서 주시는 감동과 회복의 확신이 기도하는 우리를 감싸고 있었다.

## 13시간의 수술을 마치고

그리고 다음 날 다현이는 수술실에 들어갔다. 오전 8시에 수술하러 들어간 다현이는 오후 4시가 되어도 나오지 않았다. 다소 염려가 되었다. 그러나 더욱 기도하게 하시는 신실하신 하나님께 감사하며 확신을 잊지 않았다. 다현이 어머니의 카톡 프사에는 이렇게 적혀 있었다.

"사랑하는 내 딸 다현아, 잘 견디고 나올 거지? 엄마가 기도하고 있을게. 사랑해."

밤 9시가 넘어서 다현이 어머니에게서 전화가 왔다.

"선생님, 다현이 수술 이제 끝났어요. 결과적으로는 수술이 잘 끝났다네요. 중간에 핏줄이 터질 것 같아서 매우 위태로운 순간이 있었나 봐요. 수술이 13시간이나 걸렸는데, 그래도 이제 무사하다고 하니 정말 감사해요. 무엇보다 기도해 주셔서요."

나는 다현이 어머니의 이야기를 들으며 인도하여 주신 성령님께 감사의 기도를 드렸다. 다현이를 위해서 기도하게 하신 하나님의 뜻이 분명히 있었던 것이다. 다현이를 찾아가도록 발걸음을 인도하시고 또 기도하게 하시며 회복으로 인도하시는 하나님을 목도하게 하시니 무척 감사했다. 나는 다현이 어머니에게 이렇게 말씀드렸다.

"네, 어머니. 얼마나 마음 졸이셨어요? 하지만 이제 마음 평안히 가지셔요. 하나님께서 다현이와 항상 함께하실 거예요. 계속 회복을 위해 기도할게요."

"네, 감사합니다. 선생님."

그리고 약 일주일 후 나는 다현이와 통화를 했다. 다현이는 순수한 소녀의 목소리로 돌아와 있었다.

"선생님, 저 며칠 후면 퇴원해도 된대요. 그런데 아직 학교에 가면 안 된다고 해요. 빨리 가고 싶은데, 저 빨리 학교 가게 해달라고 기도해 주세요. 왠지 선생님 기도는 하나님이 빨리 응답하실 것 같아요."

나는 웃으며 말했다.

"하하하, 다현아. 선생님이 기도할게. 그런데 내 생각에는 선생님 기도보다 다현이 기도를 하나님께서 더 기뻐하시고, 더 빨리 응답해 주실 것 같은데? 하하. 우리 같이 기도할까?"

"네, 좋아요. 선생님."

나는 전화기를 붙들고 하나님의 인도하심을 구하며 다현이와 기도했다. 하나님께서 기도 가운데 부어 주시는 위로와 평강 그리고 소망을 마음껏 누리는 시간이었다.

# 35. 복수가 빠지기 시작했어요

하나님 우리 아버지와 주 예수 그리스도로부터
은혜와 평강이 있기를 원하노라.
(고린도전서 1장 3절)

5월 말경 동료 교사인 설 선생님이 나를 찾아 오셨다. 울상이 되어 있는 선생님의 얼굴. 무척 수척해 보이고, 기력이 없어 보였다.

"선생님, 기도 좀 해주세요."

밑도 끝도 없이 기도해 달라는 말을 들었지만, 당황스럽지는 않았다. 하나님을 잘 모르는 분들이 이따금 찾아와서 이렇게 불쑥 말씀하실 때가 있기 때문이다. 이분들은 처음부터 하나님을 찾거나 기도부터 생각하지는 못하고, 다른 방법을 다 동원하다가 상황이 호전되지 않으면 하나님을 찾는 경우가 많다. 하나님은 이 과정을 통해 영혼을 구원하시고, 또 은혜를 베푸시기도 한다. 나는 미소를 띠며 선생님에게 물었다.

"네. 그럼요. 선생님. 제가 어떤 내용을 기도하면 될까요? 설명해 주실 수 있겠어요?"

고개를 끄덕이며 설 선생님은 말씀을 이어갔다.

"남편이 많이 안 좋아요. 간암인데 복수가 꽉 차 있고요. 선생님 기도가 쎄시잖아요. 그러니 기도 좀 해주세요."

"네, 선생님. 남편 분이 아프시단 얘긴 전해 들었는데, 심각한 상태인가 봐요. 지금이라도 찾아와 주시고 알려 주셔서 감사드려요. 당연히 기도해야죠. 그런데 선생님, 가정에서 특별히 믿는 종교가 있으시던가요?"

선생님은 고개를 가로저었다.

"특별히 없는데 저는 성당을 다녀요."

"네! 그렇군요. 선생님, 의사 선생님을 통해서나 약을 통해서나, 어쨌든 우리가 기도할 때 하나님께서 꼭 들으시거든요. 여러 방법을 통해서도 일하실 것이고, 이렇게 아내가 남편을 위해 기도하기 시작하면 하나님께서 꼭 들어주시리라 믿어요. 제가 매일 기도할게요. 선생님, 힘내세요."

설 선생님의 눈시울이 뜨거워지는 것을 감지했다. 어느덧 내 눈에서도 눈물이 핑 돌았다. 남편을 위한 기도, 이것은 아내로, 돕는 배필로 당연한 의무일진대, 남편도 힘들지만 아내로서 아픈 남편을 지켜 보는 심정이 얼마나 어렵겠는가.

"선생님, 제가 일단 여기서 한 번 기도할게요."


## 남편을 위한 눈물의 기도

나는 설 선생님과 선 상태로 기도했다.

"살아계신 하나님, 설 선생님의 발걸음을 오늘 이렇게 인도하셔서 부족한 종을 찾아오게 하시고, 기도하게 하시니 감사합니다. 남편이 간암으로 복수가 차 있는 상태입니다. 병원에서도 과정을 지켜 보고 있는 답답한 가운데,

아내로서 어찌할 바를 몰라 오늘 이렇게 하나님을 찾고 기도하게 하시니 감사합니다. 살아계신 하나님께서 이 시간 부족한 저희의 기도를 받으시고, 설 선생님의 사랑하는 남편에게 회복과 치유를 허락해 주시기를 원합니다. 복수가 다 빠져나가게 하시고, 무엇보다 그 심령에 하나님께서 거하셔서 살아계신 하나님을 받아들이며, 하나님께서 주시는 위로와 평강을 경험케 하여 주시옵소서. 남편을 위해 애통해 하며 기도하는 설 선생님의 심령을 붙잡아 주시고, 절대로 포기하지 않는 믿음을 더하셔서 끝까지 기도하게 하여 주시옵소서. 오늘의 기도와 앞으로의 기도를 들어 주시고, 앉은뱅이를 일으키시며, 눈 먼 자를 뜨게 하시고, 죽은 나사로까지도 살리신 부활하신 예수 그리스도의 이름으로 기도드립니다. 아멘!"

매일 매 순간 기도하는 가운데, 하나님께서는 이 가정을 위해 더욱 기도하라는 마음을 주셨다. 하나님께서는 나에게 간간히 설 선생님께 기도하고 있다고 힘내시라는 문자를 보내 위로토록 하셨다.

여름방학을 지나갈 때도 기도는 계속 되었다. 선생님의 문자는 항상 감사하다는 말과 남편이 잘 이겨 내고 있다는 내용이었다.

"항상 감사하고 고맙게 생각합니다. 아주 조금씩 나아지고 있는 것 같은데 복수가 안 빠지고 있어요. 차츰 좋아지게 되기를 간절히 기도합니다."

"오늘 저녁에 혈액 검사와 CT를 찍을 예정이고요. 의사 선생님은 다음 주에나 만나게 돼요. 식사는 잘 하고 있는데 복수가 영 안 빠지네요."

이렇게 설 선생님은 그 과정을 알려 주셨고, 나는 그 상황을 보며 하나님께 더욱 기도했다.

## 아내의 마음을 아시는 하나님

8월말 개학 후 비오는 날 밤, 성령님께서 주시는 마음으로 기도하며 나아갔다. 그리고 설 선생님께 문자를 드렸다.

"선생님, 비오는 주일 잘 지내셨나요? 오늘 밤에도 기도합니다. 힘내세요. 하나님께서 선생님의 남편에게 온전한 치유와 회복 주시길 기도합니다."

설 선생님께서 이내 답장을 보내 오셨다.

"네, 감사해요. 식사도 잘하고 복수도 줄어들고 샘이 기도를 쎄게 해주신 덕분인 것 같아요."

나는 기쁜 마음으로 다시 답장을 드렸다.

"감사 감사~. 하나님 은혜예요. 선생님의 간절한 마음을 하나님께서 아시고 꼭 회복의 응답 주시리라 믿어요. 두 분 평안한 밤 되세요."

다음 날 학교에서 설 선생님을 만났다. 선생님의 얼굴은 그 어느 때보다도 밝아 보였다. 설 선생님은 손을 잡을 듯이 내 앞으로 다가왔다.

"선생님, 정말 감사합니다. 남편이 많이 좋아질 것 같아요. 복수가 빠지고 있어요. 선생님 기도 덕분이에요."

나는 웃으며 말했다.

"하하하. 아녜요, 선생님. 저도 기도하지만 아내 된 선생님의 간절한 마음을 하나님이 다 아시니까요. 선생님 기도를 하나님께서 기억하시는 거죠. 계속 기도할게요. 선생님, 힘내세요."

# 36. 암세포가 반으로 줄었어요

여호와여 은총을 베푸사 나를 구원하소서
여호와여 속히 나를 도우소서.
(시편 40편 13절)

복도를 지나가는데 한 선생님께서 말을 건넸다.

"선생님, 소식 들으셨어요? 안 선생님이요."

대화 속의 주인공 안 선생은 후배 교사로 40대 중반의 나이다. 불교 신자로 알려져 있는 선생님인데, 아이들을 사랑하고 열심히 가르치는 분이다.

"아뇨. 선생님! 무슨 일이 있나요? 안 선생님께요?"

그 선생님은 침통한 표정으로 말을 이었다.

"사모님이 암이라고 하시네요. 그것도 췌장암이요. 갑자기 소식을 들어서 안 선생님이 지금 너무 힘들어 하고 있어요."

나는 안 선생을 위해, 그리고 사모님을 위해 잠시 하나님께 기도를 드렸다. 하나님께서는 이내 기도하는 내 마음에 평안을 더하셨다. 그리고 몇 시간 후, 빈 수업 시간에 안 선생을 찾아갔다. 안 선생은 책상에 머리를 묻고 있었다. 잠을 자나 했더니 그것이 아니었다. 그냥 엎드려 있었던 것이다. 나는 어깨를 가볍게 두드렸다.

"안 선생!"

고개를 들어 나를 쳐다보는 안 선생은 매우 작아 보였다. 사람이 근심과 염려, 걱정이 있을 때 움츠러드는 모습, 바로 그 모습을 그대로 보여 주고 있었다. 나는 살짝 미소를 띠며 말했다.

"안 선생, 잠깐 나와 이야기 나눌 수 있을까?"

"네, 선생님. 사실은 선생님에게 말씀드리고 싶은 게 있었는데, 제가 말 주변머리가 없어서요. 근데 먼저 찾아오셨네요."


## 더욱 많이 기도하자고

나는 안 선생과 복도로 나와서 천천히 말을 이어갔다.

"사모님에게 병이 생겼다고 들었어. 마음이 많이 힘들겠다."

안 선생은 고개를 숙이며 잦아들어가는 목소리로 말했다.

"네, 선생님. 그런데 아직 실감나지는 않아요. 그냥 멍한 상태고요."

"그렇구나, 병원에서 의견은 어때?"

"그냥 수술할 수가 없다고 하고요. 또 항암을 할 수 있는 상태도 아니라고 하고요. 경과만 지켜보자고 하면서, 항암 치료할 수 있는 몸 상태를 먼저 만들어야 한다고 해요."

"응, 그렇구나. 식사는 잘 하셔?"

"네, 아직 젊어서 그런지 식사는 잘해요. 그냥 마음이 순간순간 힘들어서 그렇죠."

"그렇겠지. 사모님도 그렇고, 안 선생도 그럴 것 같아."

순간 안 선생은 말이 없었다. 울고 있었던 것이다. 자맥질 같은 울음이 안 선생의 속에서 끓어오르고 있었다. 나는 살며시 안 선생을 안았다. 그 남편의 마음이 나에게 전이되었다. 내가 '안 선생 입장이라면 어떨까? 나는 어떤 반응을 보이고 있을까?' 생각하며 말이다.

"아! 선생님, 죄송합니다."

내 품에서 울고 있다는 것을 의식한 안 선생은 고개를 들었다. 그리고 이렇게 말을 이었다.

"선생님, 사실 왜 이런 일이 저에게 생겼는지, 집사람에게 일어난 건지, 이해되지 않아요. 아이도 둘이나 있는데 아직 어려서 제가 아침에 밥 챙겨 먹이고 학교 보내고요. 집안일도 제가 하고, 이런 건 다 괜찮은데, 사실 치료 방법이 없다는 게 너무 힘들어요. 병원에서는 경과만 보자고 하니까요. 집사람 얼굴만 보면 불쌍해요."

수술도 할 수 없고, 항암 치료도 시작할 수 없고, 게다가 하나님께 기도하는 것도 모르는 안 선생을 위해 더욱 기도하지 않을 수가 없었다.

"안 선생, 너무 괴로워하지마. 하나님께서 안 선생을 축복하실 거야. 사모님도 붙잡아 주실 거야. 아직 하나님을 잘 모른다고 하더라도, 마음속으로 하나님께 기도해. 내가 정말 열심히 기도할게. 응? 힘내고."

그 후 나는 계속 기도했다. 그리고 가까운 분들에게 중보 요청을 했다.

기도할 때 하나님께서 마음을 주실 때가 있다. 어떤 사람을 만나라는 메시지, 그럴 때 즉각적으로 순종하면 하나님께서는 꼭 놀라운 일을 행하신다는 것을 나는 믿음으로 알고 있다. 아침에 기도하는데 안 선생을 만나라는 신호를 주셨다. 나는 성령님께서 주시는 마음으로 안 선생에게 짤막한 엽서를 썼다. 기도하고 있다는 말과 힘내라는 말, 하나님께서 함께하신다는 격려의 글을 썼다. 그리고 적은 물질이 담긴 봉투를 준비했다. 이 모든 것이 하나님의 인도하심이었다.

안 선생에게 연락했고 곧 나를 찾아왔다.

"응, 안 선생, 별 일 아니고, 하나님께서 안 선생을 만나라고 하시네."

안 선생은 살짝 웃으며 나에게 물었다.

"하나님이요?"

"응, 다름이 아니고, 이거 전달하라고 하셔서."

엽서와 봉투를 받은 안 선생은 어쩔 줄 몰라 했다. 이런 것은 처음 받아 본다고 했다.

나는 성령님이 주시는 마음을 이야기했다.

"안 선생, 힘내. 기도하는데 하나님께서 사모님도 사모님이지만, 안 선생을 격려하라는 마음을 주셨어. 그리고 그 물질은 사모님이 그래도 지금 음식을 드실 수 있다고 하니까, 좋아하는 것 사다 드리라고. 그리고 내가 계속 기도하고 있다는 신호로 주는 거니까 받아 줘."

안 선생은 잠시 어쩔 줄을 몰라 했다. 하지만 이내 하나님께서 나에게 부어 주신 마음을 전달받고, 감사해 했다. 나는 안 선생의 손을 붙들고 사모님에게 하나님의 은혜와 치유의 은혜가 가득하기를, 안 선생에게 힘과 격려가 가득하기를 기도했다.

## 정말 기적이에요

몇 주가 흘렀다. 아침 일찍 교목실에 있는데, 한 선생님이 문을 두드렸다. 석 선생님이었다. 무슨 일인지 석 선생님의 눈에는 눈물이 가득했다. 내가 무슨 일인지 물어볼 새도 없이 석 선생님이 먼저 말문을 열었다.

"선생님, 소식 들으셨어요? 안 선생님 사모님요."

나는 마음이 급해져서 얼른 대답했다.

"아뇨, 선생님. 무슨 일 있어요?"

석 선생님은 계속 눈물을 머금고 말씀을 하셨다.

"안 선생님 사모님요. 세상에, 암세포가 반으로 줄었대요."

이 말씀을 하시며 석 선생님은 기어이 눈물을 쏟았다. 이 말이 끝남과 동시에 내 눈에서도 형언할 수 없는 감사의 눈물이 흘렀다.

"오~ 주님."

저절로 탄성이 흘러나왔다. 감사와 찬양의 고백이 터져 나왔다.

석 선생님은 말씀을 이어갔다.

"선생님, 기도 덕분이에요. 얼마나 감사한지 몰라요. 정말 기적이에요. 선생님, 정말 고맙습니다."

나는 석 선생님이 말씀을 마치고 가실 때까지 흘러내리는 눈물을 어쩌지 못했다. 말도 제대로 잇지 못했다. 그저 하나님의 은혜가 무척 감사해서 석 선생님이 가신 뒤에도 의자에 앉아 한참동안 감사의 기도를 드릴 뿐이었다. 나는 감사의 기도를 마친 후, 안 선생을 찾아갔다.

"안 선생!"

내가 오기를 기다리기나 한 것처럼 안 선생은 자리에서 일어났다.

"선생님, 참 감사합니다. 집사람이요…….."

"응, 안 선생. 알아. 얘기 들었어. 참 잘됐다. 그리고 감사하다."

안 선생은 고개를 끄덕이며 말했다.

"아! 얘기 들으셨군요. 제가 직접 말씀드렸어야 하는데, 계속 집사람하고 통화하느라고 시간을 놓쳤어요."

나는 웃으며 말했다.

"괜찮아. 사모님 건강에 대해 병원 쪽에서 뭐라고 한 거야? 많이 좋아졌다고?"

안 선생도 약간의 미소를 머금고 얘기했다.

"잘 모르겠대요. 암세포가 반으로 줄었다고요. 의사도 놀란 것 같아요. 저희 부부도 사실 별로 기대하지 않고 갔거든요. 그냥 더 나빠지지만 않았으면 좋겠다고 생각하고요. 그런데 정말 놀라운 일이 생겼어요. 선생님, 사실 저 이제 마음이 좀 평안해졌어요. 집사람이 병원에서 밥 먹고 토하고, 먹고 또 토하고 그랬거든요. 그걸 보면서, 그 앞에서는 울 수가 없잖아요. 그런데 도저히 울음을 참을 수가 없어서 등 돌리고 울었어요. 너무 불쌍해서요."

안 선생의 눈에는 또 눈물이 가득했다. 나는 안 선생의 등에 손을 얹었다.

"안 선생, 괜찮을 거야. 건강하게 잘 회복되실 거야. 안 선생도 나도, 여러 선생님도 함께 기도하고 있잖아. 하나님께서 완쾌되도록 인도해 주실거야. 그러니까 계속 기도하자고."

안 선생은 계속 감사하다는 말을 이어갔다. 나는 안 선생의 등에 손을 얹고 기도했다.

"하나님, 감사합니다. 사랑하는 안 선생의 아내, 자매님을 췌장암에서 붙잡아 주시고, 암세포를 절반으로 줄여 주신 은혜에 감사합니다. 하나님께서 안 선생과 이 가정에 하실 일이 있음을 믿습니다. 은혜를 베풀어 주셔서 온전히 회복되게 하시고, 강건한 육체를 더하여 주시옵소서. 수술이 필요하면 수술을 통해, 항암이 필요하면 항암을 통해, 아니면 한 번에 하나님께서 역사하셔서 온전히 치유의 은혜를 경험케 하여 주시옵소서. 이 가정에 하나님께서 임재하시고, 이 모든 과정을 통하여 구원의 은혜를 베풀어 주시옵소서. 살아계신 하나님께서 사랑하는 안 선생과 사모님, 어린 자녀들의 생명을 책임져 주시옵소서. 이 모든 것을 이루실 줄 믿고 예수님의 이름으로 기도합니다. 아멘."

## 약이 듣지 않아요

얼마 후, 아침에 교감 선생님께서 안 선생이 결근을 했다고 알려 왔다. 아마도 췌장암으로 투병 중인 사모님으로 인한 것이 아닐까 생각이 들었다. 요즘 안 선생의 안색이 별로 좋지 않았다.

다음 날 학교에 왔다는 것을 확인한 나는 안 선생에게 문자를 보냈다.

"안 선생, 시간 되면 잠깐 만나면 좋겠어."

안 선생은 이내 달려왔다. 생각보다 얼굴빛이 더 안 좋아보였다. '내가 기도를 게을리하는 것은 아닌가' 순간 생각이 들면서 미안해졌다.

"안 선생! 사모님은 어떠셔? 많이 안 좋으신가?"

안 선생은 힘없는 목소리로 말했다.

"네, 선생님. 그동안 항암제를 투여했거든요. 식사도 잘하고 모든 생활을 잘해서 회복되나 보다 했더니, 어제 병원에 간 결과는 그게 아니었어요. 항암을 하면 머리카락도 빠지고, 살도 빠지고, 식사도 사실 어려운 거잖아요. 그런데 아내는 면역력이 있는지, 약을 투여해도 식사도 잘하고 정상인처럼 다 활동을 하니까요. 의사는 그게 문제라고 해요."

안 선생의 마음이 읽혀졌다. 항암을 하는 것이 얼마나 힘든 일인지 우리는 겪어 보지 않아도 어느 정도 알지 않은가? 그런데 안 선생의 사모님이 식사도 잘하고 생활도 정상적으로 하는 것을 보며, 남편인 안 선생은 그래도 안도의 숨을 내쉬었을 것이다. '잘되겠지, 회복될 거야' 하는 소망을 갖고서 말이다. 그런데 그것이 문제라니. 나는 안 선생의 눈을 보며 조용히 말했다.

"안 선생, 아직 끝난 것은 아무것도 없잖아. 기도하고 있으니까 하나님께서 인도하시고, 회복시켜 주실 거라 믿어. 그렇게 함께 기도하며 최선을 다하는 거지. 힘내. 안 선생."

안 선생은 고개를 끄덕였다. 나는 이어서 물었다.

"그래서 의사 선생님은 앞으로 어떻게 하신대?"

"그 방법을 자기들도 찾아야 할 것 같다고 합니다. 일단 항암 투여로 안 되니까 다른 방법으로 치료할 수 있는 방법을 살펴봐야 한다고요."

나는 고개를 끄덕였다. 그때 하나님께서 주시는 마음이 있었다. 하나님께서는 사람이 할 수 있는 일이 없을 때 역사하시는 경우가 많다. 특히 한 영혼의 구원이나 공동체에 역사하실 때는 하나님이 일하심이 드러나게 하셔서 하나님을 인정하지 않을 수 없게 하시지 않던가.

나는 잠시 하나님의 음성에 귀 기울였다. 그리고 그 마음을 받은 그대로 안 선생에게 말했다.

"안 선생, 하나님께서 안 선생하고 사모님, 그리고 자녀들을 축복하신다는 마음을 주셨어. 의사 선생님들과 병원이 환자를 치료하는 것은 당연히 할 일이잖아. 그런데 우리가 할 수 있는 일이 뭐가 있을까? 환자 옆에 있어도 우리가 할 수 있는 것은 기도밖에 없다는 생각이 들어. 남편으로, 아버지로 아내와 자녀를 놓고 기도하는 것은 하나님께서 기뻐하시는 거고. 하나님의 응답을 받는 길이야. 안 선생도 이제 사모님 위해 기도하면 좋을 것 같아."

여기까지 말했을 때 안 선생은 눈물이 글썽한 얼굴로 나를 보고 있었다. 그러면서 이렇게 말했다.

"선생님, 사실은 저 기도하고 있어요. 그런데 저희 집이 전통적으로 불교

집안이라 기독교는 전혀 모르고, 또 기독교식으로 어떻게 기도하는지도 모르고요. 그래도 어제 같은 경우에는 그냥 집사람이 너무 불쌍해서 막 울면서 부처님도 찾다가 하나님도 찾다가 그냥 막 기도했어요."

순간 안 선생의 눈에서 눈물이 솟구쳤다. 안 선생은 두 손으로 눈을 감싸 안고 흐느끼기 시작했다. 그 자맥질 같은 울음을 참으려는 모습을 보고 있는 내 눈에도 눈물이 가득했다. 나는 울음 섞인 소리로 말했다.

"안 선생, 울고 싶고 눈물 나면 그냥 울어요. 사실 안 선생이 얼마나 힘들겠어. 그냥 확 울고 다시 힘을 내야지."

### 하나님의 마음으로

안 선생은 내 남동생과 나이가 같다. 그래서인지 더욱 마음이 짠할 때가 많다. 남동생은 몇 번 교회를 나간 적이 있지만, 요즘은 나가지 않는다. 그래서 기도하는 대상 중 한 명이기도 하다. 안 선생과 가정을 위해 기도할 때 내 남동생이 투영되는 것은 우연이 아닐 것이다. 하나님의 마음일 것이다. 하나님의 그 마음이 그들에게 전달되며, 결국 하나님이 그 영혼들을 만나 주시고, 구원의 사람으로 회복시켜 주실 것이라 믿는다.

어느덧 안 선생의 마음이 진정된 듯했다. 나는 하나님께서 주신 마음으로 말했다.

"안 선생, 사실 예수님을 온전히 믿으면 놀라운 기적을 경험하며 살아가게 돼. 하나님께서 그렇게 인도해 주시거든. 사모님이 회복되는 것도 우리가 기도하는 것이지만, 안 선생과 사모님, 자녀들이 하나님을 믿고, 이 땅에서 믿음으로 살다가 언젠가는 천국으로 가야잖아. 그러니까 안 선생, 믿음은 점차로 성장해 가는 거지만, 기도는 언제든 할 수 있는 거야. 꼭 '예수님의 이름으로 기도합니다'라고 마지막에 예수님을 찾으며 기도해. 안 선생의 기도를 하나님께서 들으시고, 사모님을 회복시켜 주실거야. 나도 더욱 기도할게."

나는 안 선생의 손을 잡고 기도했다.

"살아계신 하나님, 하나님께서 안 선생 가정을 축복하시는 줄 믿습니다. 암으로 투병 중이신 사모님을 온전히 회복시켜 주실 줄 믿습니다. 남편으로 아내를 위해 기도하고자 하는 마음을 안 선생에게 부어 주시고, 그 기도에 응답으로 축복하실 줄 믿습니다. 입을 열어 주시고, 아내를 위해 하나님 앞에 무릎 꿇게 하시고, 이 가정 모두 하나님의 복된 구원의 백성 되게 역사하실 줄 믿습니다."

기도는 한동안 계속되었다. 하나님께서는 기도하는 가운데 사랑과 평강의 마음을 안 선생과 나에게 부어 주고 계셨다.

사람의 생각은 한 치 앞도 알 수 없지만, 하나님의 마음과 하시는 일은 신묘막측하시기에, 그저 하나님께서 마음을 주실 때 기도로 순종하면 하나님께서는 원하시는 일을 이루어 가신다는 생각으로 기도했다. 이렇게 근 3년, 오늘까지 왔다.

7월 교직원 경건회가 있던 지난 주 월요일, 안 선생의 사모님이 119에 의해 병원으로 실려 갔다는 소식을 들었다. 아침에 사모님이 욕실에 씻으러 들어간 이후, 그 자리에 주저앉아 못 일어났고, 이 모습을 본 안 선생은 불현듯 사모님이 뇌졸중이라고 판단하여 119에 급히 연락했다고 한다.

사모님이 병원으로 실려 갔다는 소식을 듣고, 그 자리에서 일단 하나님께서 보호하여 주시고, 함께하여 주시길 소망하며 기도부터 드렸다. 그날 방과 후에 선생님들과 교직원 경건회로 예배를 드리며, 기도회에 참석한 선생님들에게 이렇게 말했다.

"선생님들, 우리가 기도하고 있는 안 선생님의 사모님께서 오늘 쓰러져서 응급실에 계시다고 합니다. 그동안 여러 차례의 항암 치료로 병원에서는 매우 위험한 상황으로 보고 있다고 하는데, 이 시간 그 가정에 구원의 은혜가 임하시고, 사모님의 생명을 보전해 주시고, 결국 온전히 회복되는 은혜를 부어 달라고 기도하시길 바랍니다."

선생님들과 나는 사모님을 회복시켜 달라는 소망을 품고 간절히 기도를 드렸다.

### 가망이 없다고 해요

경건회를 마친 후 안 선생에게 전화를 했다.

"안 선생, 사모님은 좀 어떠셔?"

울듯 말듯, 안 선생의 체념한 목소리가 들려왔다.

"의사 선생님은 가망이 없는 것처럼 말씀하시네요. 마음의 준비하라고 하고, 현재보다 좋아질 수는 없다고요. 선생님, 어떡하죠?"

안타까운 마음이 일었다. 아픈 아내를 두고 어떻게 해야할지 모르는 안 선생을 위로하며 이렇게 말했다.

"안 선생, 사람의 생명은 전적으로 하나님의 소관이야. 그러니까 인간적으로 성급한 판단을 내리지 말고, 하나님께 기도하며 최선을 다해 치료를 받아야지. 지금 가장 중요한 것은 안 선생이 흔들리면 안 되는 거니까. 사모님도 그렇고, 아이들도 있잖아. 힘들겠지만 이겨 내고, 나도 같이 기도할게."

전화기 속으로 간헐적인 울음소리가 들려왔다. 나는 이어서 말했다.

"안 선생, 괜찮으면 내가 방문할게. 사모님 직접 뵙고 기도 한 번 하면 좋을 것 같은데, 가능할까?"

"네, 선생님. 알겠습니다. 제가 잠시 후에 연락 다시 드릴게요."

10분쯤 지난 후 전화가 걸려왔다. 안 선생의 답은 병원에서 면회가 금지라는 것이었다. 그리고 가족들 중에도 한 명만 환자 옆에 있을 수 있다는 것이다. 어쩔 수 없었다. 그저 있는 곳에서 사모님의 이름을 놓고, 예수님의 이름으로 기도할 수밖에 없었다.

나는 이날 저녁, 하나님의 은혜를 구했다. 앉은뱅이가 예수님의 이름으로 일어났던 기적, 그리고 그 앉은뱅이가 하나님을 찬양했던 놀라운 일이 동일하게 안 선생의 사모님께도 일어나게 해달라고 기도했다. 눈먼 자가 눈을 뜨고, 죽은 나사로를 예수님께서 살리신 기적 같은 일이 일어나길 기도했다. 그리고 무엇보다 사모님의 치료 과정을 통해 사모님이 예수 그리스도를 영접하고, 안 선생과 자녀들이 예수님을 만나 구원의 자녀가 되는 축복을 누리게 해달라고 기도했다.

기도는 간절했다. 사모님께 직접 가서 복음을 전하지 못하는 상황이지만 하나님께서 일하심이 느껴졌다. 그리고 꼭 만나 주실 것이라는 믿음이 생겼다.

"주가 일하시네, 주가 일하시네."

기도하는 입술에서는 찬양이 맴돌았고 기도하는 눈에서는 눈물이 흘러내렸다.


## 예수님의 이름으로 기도합니다

그리고 다음 날, 안 선생만이라도 만나면 좋겠다는 마음으로 동료 교사와 병원을 찾았다. 안 선생의 사모님은 만날 수 없는 상황이었지만, 안 선생만이라도 붙잡고 기도하면 좋겠다는 마음이 들었던 것이다.

병원에 도착해 전화를 했더니, 안 선생이 이내 우리 앞에 나타났다. 그런데 그 뒤에는 웬 여자 분이 동행하고 있었다.

"목사님, 안녕하세요? 저는 처제예요."

안 선생의 처제였다. 병간호를 번갈아가며 한다고 했다.

"저, 목사님께 감사 인사하러 잠깐 내려왔어요. 우리 언니하고 형부 위해서 오랫동안 기도해 주셨다고 들었어요. 정말 감사드려요. 그리고 인터넷을 통해서 이미 목사님에 대해 알고 있었어요."

그리고 이어지는 짤막한 일, 아니 하나님께서 역사하신 간증을 들으며 소름이 돋을 정도로 놀라웠고 감사했다. 바로 어제, 안 선생을 만나러 가려고 했을 때 면회가 어렵다고 해서 가지 못한 그날, 하나님께서는 안 선생 처제의 교회 목사님에게 마음을 주셨다. 목사님은 병원 상황을 잘 알지 못하고, 무작정 병원으로 찾아가신 것이다. 그리고 안 선생은 오신 목사님을 돌려보낼 수 없어서 처제와 셋이 사모님이 누워 계신 병실로 갔다고 했다. 그리고 그 목사님은 말씀도 못하시는 사모님의 귀에 대고 복음을 전하신 것이다. 사람이 마지막으로 열려 있는 것이 귀라고 하지 않았던가.

그 목사님은 사모님께 예수 그리스도를 믿고 영접하는 기도를 하도록 하셨고, 사모님은 발을 움직이는 것으로 반응을 했다고 한다.

처제의 이야기를 들으며 나는 살아계신 하나님의 은혜에 정말 감사했다. 하나님께서는 전혀 예상치도 못한 한 목사님을 움직이셔서 내가 하고자 했던 일을 하게 하신 것이다. 안 선생은 웃으며 나에게 말했다.

"선생님, 그 목사님을 병실로 들어오게 해서 제가 얼마나 의사하고 간호사한테 야단을 맞았는지 몰라요. 그래도 이렇게 목사님들이 기도해 주시니 정말 감사한 일이죠."

그리고 그 후, 나는 거의 매일 병간호를 하고 있는 안 선생과 통화로 이야기를 나누었다. 그리고 사모님의 근황을 물었다. 사모님의 귀에 전화기를 갖다 대라고 하고, 전화로 기도해 드리기도 했다. 그러나 사모님의 몸은 이미 기력이 다 쇠진한 상태라고 했다. 암세포를 죽이기 위한 독한 약 때문이라고 했다. 급기야 뇌출혈이 일어났고, 게다가 폐렴도 있어서 병원에서는 최악의 상황이라고 한다고 전했다. 그 이야기를 하면서도 안 선생은 이렇게 말했다.

"그래도요, 선생님. 저는 아내가 세상을 떠난다고 생각하지 않아요. 저는 끝까지 최선을 다할 거예요. 그리고 그때 선생님이 해주신 말씀대로 저도 이제 '예수님의 이름으로 기도합니다' 하면서, 아내 손잡고 기도하고 있어요. 선생님, 제 아내는 안 죽을 거예요. 절대로요."

이 말을 하며 안 선생은 울었다. 그리고 또 이렇게 말했다.

"사실 목사님들이 자꾸 이 사람 찾아와서 기도해 준다고 해서 처음엔 무서웠어요. 목사님들이 기도해 주시는 것이 이 사람이 세상을 떠날 때가 되어서 기도해 주시는 게 아닌가 하고요. 그런데 얼마 전부터 알았어요. 건강 회복을 위해, 진심으로 기도해 주신다는 것을요. 제가 잠시라도 오해해서 죄송합니다."

안 선생과 대화를 계속할수록 하나님께서는 사모님뿐만이 아니라 안 선생을 만져 가시고 만나 주실 계획이라는 것을 확신할 수 있었다. 이 가정을 구원하실 하나님을 더욱 신뢰하게 되었다.

다음 주 기말고사 준비 때문에 안 선생이 오늘 학교에 출근했다. 나를 보며 미소를 띠는 안 선생의 등을 두드리며 말없이 격려를 보냈다. 그리고 한참 후에 이렇게 말했다.

"하나님께서 안 선생 가정에 놀라운 일을 보여 주실 거야. 힘내. 끝까지 포기하지 말고, 기도하자고!"

그리고 한 달 후, 하나님께서는 안 선생의 사모님을 천국으로 인도하셨다. 많은 사람을 기도하게 하시고, 하나님의 방법으로 만나 주시며 하나님의 자녀로 삼아 주신 하나님. 그 하나님께 영광을 올려드린다.

# 37. 17년만의 관계 회복

여호와께서는 모든 것을 선대하시며
그 지으신 모든 것에 긍휼을 베푸시는도다.
(시편 145편 9절)

나는 그날 교무실 한 쪽에 있었다. 그때 등 뒤에서 들려오는 작은 목소리
가 있었다.

"최관하 선생님~!"

나는 돌아보며 순간 흠칫 놀랐지만, 마음의 평정을 유지하며 미소로 대
답했다.

"네, 이 선생님."

이 선생님은 조용하게 말했다.

"제가 병가를 내고 좀 쉬어야 할 것 같아요."

"네? 아니 왜요? 많이 안 좋으세요?"

이 선생님은 한숨을 푹 쉬며 말을 이어갔다.

"네, 좀 쉬고 몸을 회복해야겠어요. 아토피뿐만 아니라 몸 전체가 이상이

생겨서요. 이제 목까지 올라왔어요."

그랬다. 이 선생님은 목까지 올라오는 폴라를 입고 있었는데, 그 언저리의 살갗이 붉게 피어올라 있는 것이 보일 정도로 매우 심한 상태였다.

이 선생님과 이런 일상의 대화가 이루어진 것은 17년만의 일이다. 참으로 긴 시간이 흘렀다. 그래서 이날의 대화는 일종의 사건이라고 할 수 있다. 그동안 내가 인사를 해도 잘 받아주지 않던 분이 먼저 말을 걸어오는 상황이 된 것은 몸에 진행되고 있는 병 때문이었다.

나는 오랫동안 이 선생님과의 관계 회복을 위해 기도하고 있었다. 그동안의 기도 응답이 이루어진 것에 먼저 하나님께 감사했다. 그리고 한편으로는 병가를 낼 정도로 몸이 안 좋다는 말에 나의 기도가 부족했던 것은 아닌가 하는 마음이 들어 다소 미안해졌다.

"선생님, 죄송합니다. 진작 자세히 알았더라면 더욱 기도했을 텐데요. 하지만 이제라도 알려 주셔서 감사해요. 지금부터 많이 기도할게요."

짧은 대화였지만 나는 흥분된 마음을 감출 수가 없었다. 17년이라는 세월 동안 가슴 한 켠에 있던 이 선생님과의 그을음이 해소되기 시작했다는 것을 감지했기 때문이다.


## 멋진 하나님

내가 모교인 영훈 고등학교로 전근을 온 것은 1994년이었다. 그때부터 이 선생님과 나는 가깝게 지내고 있었다. 그 당시에 나는 교회는 나가고 있었지만 술에 빠져 사는 양다리 신앙인이었다. 이 선생님과 술도 잘 마셨고, 다른 선생님들과의 관계처럼 잘 지내고 있었다.

그런데 루게릭 병에 걸린 아이들을 만나 기도하게 되고, 많이 아팠던 둘째 딸 다빈이를 위해 기도하던 그 무렵, 나의 신앙심은 두터워지고 있었다. 그 무렵부터 이 선생님은 나에게서 멀어지고 있었다.

하나님께서 루게릭 병 제자들과 둘째 딸을 회복시켜 주셨던 그때, 급기야 나는 한 아이의 귀를 잘못 때려 고막을 터지게 한 사건이 발생했다. 그 후 나는 수업 전에 기도하는 교사가 되었고 절대로 아이들을 때리지 않고 욕하지 않는 교사가 되었다. 그 후 나는 언제나 기도하는 교사가 되었고, 울며 기도하는 교사라는 뜻의 '울보 선생'이 된 것이다.

하나님을 몰랐던 외인, 영적 이방인에서 하나님의 아들로, 자녀로 변화된 경험은 누려 본 사람만이 알 수 있다. 나는 주님을 만난 벅찬 감격과 기쁨으로 살아가게 되었다. 하지만 이런 내 삶을 지켜 보며 여러 사람이 내 곁을 떠나고 있었다. 그중 한 분이 이 선생님이다.

복도에서 나를 만나도 인사를 무시했다. 말도 걸지 않았다. 심지어 당시 교장 선생님께 가서 학교에서 왜 자꾸 예배를 드리고, 기도하게 하느냐고 나를 불러 못하게 하라고 했던 분이다. 나는 이 선생님이 그렇게 하는 것을 알면서도 직접 따지거나 어떤 말을 하지 않았다. 매일매일 그분을 위해 기도할 수밖에 없었다. 하나님께서 때가 되면 이 분의 마음을 만져 주실 것이고, 우리 둘의 관계가 회복될 것이라고 믿었기 때문이다.

그리고 17년만의 짧은 대화를 통해 하나님께서는 부족한 나의 기도를 듣고 계셨다는 것을 알게 되었다. 나는 교무실 내 자리로 돌아와 하나님께 감사 기도를 드렸다. 그리고 이 선생님께 편지를 썼다. 위로와 격려, 그리고 먼저 말을 걸어 주어 감사하다는 내용 등의 긴 편지를 썼다. 내 책과 기도하고 있다는 신호로, 적은 물질이지만 봉투에 넣어 이 선생님 책상 위에 갖다 놓았다.

그리고 다음 날 회신 문자가 왔다.

"최 선생님, 기도해 주신다니 감사합니다. 책 속의 편지도 잘 읽었습니다. 돈이 들어 있던데 선생님의 마음을 감사히 받겠습니다. 고맙습니다."

이 편지를 읽는 도중 내 눈에서는 눈물이 흐르고 있음을 느꼈다. 하나님은 참 멋진 분이라는 생각을 다시 하게 되었다.

### 기독교를 무척 싫어했어요

다음 날 이 선생님과 대화를 나누는 시간을 갖게 되었다. 마땅한 곳이 없어서 교무실 옆 빈 교실에 둘이 앉았다. 많은 대화를 나눌 수는 없었지만, 17년간의 공백이 무색할 정도로 정감이 느껴졌다. 나는 조심스레 입을 열었다.

"이 선생님, 참 감사합니다. 먼저 말을 걸어 주셔서요. 그때부터 선생님의 건강 회복을 위해 계속 기도하고 있습니다."

이 선생님도 입을 열었다.

"네, 감사합니다. 왜 그런지 선생님께 꼭 말씀을 드려야 할 것 같았어요. 사실 몸 상태가 많이 안 좋습니다. 병가를 냈다가 휴직을 해야 할 것 같기도 하고, 어쩌면 명퇴를 해야 할 것 같기도 하고, 좀 그런 상태입니다."

아토피가 무척 심해 몸에서 목과 얼굴까지 올라온다고 했고, 그 가려움 때문에 잠도 잘 못자고, 음식도 아무거나 못 먹는다고 했다. 그래서 그런지 얼굴 전체가 매우 붉어 보였다.

30분가량의 대화가 이어지고 있을 때 나는 이 선생님에게 물었다.

"그런데요, 선생님, 제가 한 가지 궁금한 것이 있습니다."

"네, 뭐가요?"

"17년 전 그때 저하고 잘 지내다가 언젠가부터 저와 인사도 안 나누시고,

대화도 끊어졌잖아요. 그때 왜 그러셨는지 해서요."

이 선생님은 웃으며 말했다.

"네, 사실은 제가 기독교에 매우 큰 반감이 있습니다. 영훈고에 오기 전 잠시 근무했던 학교가 있는데, 미션스쿨이었거든요. 그런데 교회 출석하라고 하고, 예배를 강요하고, 심지어는 십일조를 월급에서 떼는 거예요. 그런 일이 매우 많아서 이건 아니다 싶었죠. 그때부터 기독교를 무척 싫어했습니다. 그런데 저와 잘 지내던 최 선생님께서 어느 순간 기독교인으로 갑자기 변해서 가까이 하기가 어려웠던 거예요."

나는 이 선생님의 마음을 이해할 수 있었다.

"그랬군요. 그 학교가 좀 심했네요. 그럼 선생님, 이제부터라도 예수님 믿고 선생님 건강을 위해서 같이 기도하시면 어떠세요?"

"네, 감사한 말씀이지만 사실 저는 불교거든요. 아버님도 돌아가셔서 모신 곳이 절이고요. 그냥 절에서 조용히 있으면 마음이 편안해져서요."

### 휴직해야 할 것 같아요

나는 미소를 띠며 말했다.

"네, 그러시군요. 선생님, 그럼 다음에 또 이야기 나누고, 오늘은 제가 기도 한 번 해도 될까요? 종교가 불교라서 하나님께 기도하기 불편하면 안 해도 되고요. 제가 마음속으로 해도 되니까요."

그때였다.

"아뇨, 최 선생님. 기도해 주세요. 저는 괜찮습니다."

나는 이 선생님의 어깨에 손을 얹고 하나님의 인도하심과 선생님의 건강 회복을 위한 기도를 드렸다. 그리고 그 후 이 선생님은 병가를 내고 지방의

힐링 숲으로 들어가셨다.

이 선생님은 가끔씩 학교를 방문할 때마다 나를 찾아왔다. 문자로 근황을 알려 주기도 했다. 하나님께서는 이 선생님을 위한 기도를 계속 하기를 원하고 계셨다. 나는 하나님이 주신 그 마음을 품고 시간을 내어 매일 부르짖으며 기도했다.

교목실에 있는 날이었다. 퇴근을 하려고 준비 중인데, 누가 노크도 하지 않고 들어왔다. 돌아보니 이 선생님이었다. 나는 반색을 하며 소리쳤다.

"선생님!"

엷은 미소를 띠며 이 선생님은 이렇게 말했다.

"아무래도 휴직을 해야 할 것 같아서요. 이 상태로 가다가는 교단에 다시 서기도 힘들고 아이들한테도 미안할 것 같네요. 교장 선생님을 만나 얘기하고 선생님을 뵈러 온 거예요."

한동안 여러 이야기를 나누었다. 그리고 또 한 번 기도했다. 하나님께서 은혜를 베풀어 주셔서 이 선생님이 온전히 회복되게 해달라고 기도했다. 그리고 이 과정을 통해서 선생님의 삶 가운데 살아계신 하나님을 만나게 되기를 소망하며 기도했다.

# 38. 하늘나라로 가신 선생님

너는 말씀을 전파하라 때를 얻든지 못 얻든지 항상 힘쓰라
범사에 오래 참음과 가르침으로 경책하며 경계하며 권하라.
(디모데후서 4장 2절)

토요일 오후 문자가 하나 왔다.

'조 선생님 별세.'

순간 잘못 본 것은 아닌가 싶었다. 불과 하루 전에도 학교에서 만났던 선생님이었다. 죽음이라는 것이 아무도 모르게 온다고 하지만 전혀 생각지 못했던 소식에 깜짝 놀라 한동안 멍하게 있었다. 그리고 눈물이 주루룩 흘러내리는 것을 어쩌지 못했다.

조 선생님은 20여 년간 영훈고에서 함께 근무한 선생님이다. 무척 열정적인 선생님, 아이들을 무척 사랑한 선생님, 그리고 방학 때마다 세계 여행을 다니며 새로운 것에 대한 개척 정신이 강했던 선생님이다. 그런 조 선생님인데 돌아가셨다는 갑작스러운 소식은 나와 동료 선생님들을 무척 당혹스럽게 했다.

사실 조 선생님은 작년부터 방광염 등으로 건강이 좋지 않다고 했다. 그리고 인생에 대해서도 즐거움이 없다는 말씀도 자주 하시곤 하셨다. 아이들도 예전 같지 않아 아이들을 보면 희망이 싹트는 게 아니고 자꾸 힘이 빠진다고도 했다. 전체적인 무력감이었다. 나는 그럴 때마다 조 선생님을 위로하고 격려했다. 하나님을 아직 모르는 분이었지만 조 선생님은 이렇게 말씀하시곤 했다.

"사실 제 친구 중에 목사님이 있는데요. 최 선생님도 저를 위해 기도하시지만, 그 친구가 매일 나를 위해 기도한대요. 그리고 교회에 나가라고 하고, 매일 아침 성경 말씀을 보내 주고 있어요. 이것 봐요."

활짝 웃으며 나에게 메시지를 보여 주었던 조 선생님이 이 순간에도 눈앞에 환하게 떠오른다.


## 지켜지지 못한 약속

내가 나의 모교인 영훈 고등학교에 부임한 것은 1994년 가을이었다. 그때 초임이었던 조 선생님과 만나게 되었다. 같이 1학년 담임을 했고 그 후부터 여러 교육 활동을 함께 했다.

특히 사제동행으로 제자들과 1박을 같이하는 프로그램에 매 주말마다 수련회를 떠났던 기억이 난다. 내가 담임으로 맡은 학급뿐만이 아니라 동료 선생님의 학급 수련회 때 동행하여 섬기는 활동을 같이했다. 시간과 물질뿐만 아니라 무엇보다 마음을 더하는 활동을 같이 해 온 것이다.

불과 지난 10월만 해도 그랬다. 내년 여름에 아이들과 함께 갈 2박 3일간의 사제동행 농촌봉사활동 답사를 함께 다녀오기도 했다. 앞으로 자신도 아이들을 섬기는 데 최선을 다하겠다고 약속했던 조 선생님이다. 그리고 다시 한 번 함께 답사하러 가기로 약속했다. 12월에는 학생 크리스천 겨울 수련회에도 함께 하겠다고 약속했다. 하지만 조 선생님의 갑작스러운 죽음으로 이 약속은 지켜지지 못했다. 무엇이 조 선생님을 그렇게 힘들게 했을까? 무엇 때문에 조 선생님은 이렇게 일찍 세상을 떠나야만 했을까?

## 나흘 전의 일

조 선생님이 돌아가시기 나흘 전 오후였다. 2층 계단을 올라가던 중에 만난 조 선생님의 얼굴이 무척 어두워 보였다. 나는 하나님이 주신 마음에 이끌려 이렇게 말했다.

"조 선생님, 이따 방과 후에 저녁 약속 있어요? 없으면 저랑 식사하시죠."

조 선생님은 힘이 없어 보였지만 웃으며 이렇게 말했다.

"네, 약속 없어요. 같이 식사해요."

나는 우리 또래의 신 선생님에게도 연락을 했다. 조 선생님하고 식사할 예정이니까 오시라고 말이다. 그렇게 셋이서 식사를 하게 되었다. 내 옆에 앉아 식사를 하던 조 선생님은 이렇게 말했다.

"선생님, 사실 언젠가부터 사는 게 무의미하단 생각이 많이 들어요. 사는 게 재미가 없어요. 자꾸 우울해지고요. 힘이 없어져요. 그리고 저는 최 선생님처럼 사는 게 무척 부러워요. 참 대단한 것 같아요. 힘들 텐데도 항상 힘차게 살아가는 모습도, 평안하게 살아가는 모습도 참 부러워요. 종교도 가져 볼까 생각이 많이 들고, 이제 몸도 안 좋아서 아프고 힘들어요. 여행도 못 다닐 것 같고요."

조 선생님의 이야기에 나와 신 선생님은 조 선생님을 한껏 격려했다. 신 선생님은 조 선생님에게 한 해 휴직하며 건강을 돌보라는 말도 했고, 명예

퇴직을 하여 몸부터 살피라는 말도 했다. 나는 조 선생님에게 이렇게 말했다.

"선생님, 어려운 고난의 때가 하나님께서 깊이 만나 주시는 때입니다. 선생님도 하나님께서 무척 사랑하셔서 불러 주시는 신호예요. 선생님 스스로 이제 삶에 낙이 없다고 하셨잖아요. 사실 예수님만이 소망이 되시고 길이 되셔요. 선생님도 이제 새해부터라도 학교 교회로 나오시고, 같이 예수님 믿고 살아가요. 네?"

그때 조 선생님은 천천히 고개를 끄덕였다.

### 내일이 아니라 지금이다

나와 동료 선생님들을 더욱 힘들게 했던 것은 조 선생님이 스스로 목숨을 끊었다는 사실이 밝혀지고 나서였다. 나와 식사를 한 후 나흘 째 되던 날, 조 선생님은 퇴근 후 불암산으로 올라간 것 같다고 했다. 그날 저녁에 집에 돌아오지 않았고, 다음 날 아침 7시경 등산객에 의해 발견되었다는 것이다. 목이 매인 채로 말이다.

소식을 듣자마자 달려온 선생님들은 침통한 표정이었다. 그리고 모두들 '왜?'라는 눈빛의 질문만 던지고 있었다. 빈소가 아직 마련되지 않았지만, 서로 눈시울을 붉히며 어떤 말을 나누어야 할지 모르고 있었다.

나는 가슴 깊은 곳에서 밀려오는 미안함과 아픔에 힘겨움이 더해지고 있었다. 그것은 조 선생님의 영혼에 대한 것이었다. 조 선생님은 불과 나흘 전만 해도 자신의 삶이 무기력한 것, 죽음, 아픔에 대해 실토하고 있지 않았던가? 그것을 나는 너무 천천히 생각했던 것이다. 아니, 단적으로 영적 게으름이었다. 그 자리에서라도, 다음 날이라도 구원의 확신을 갖도록 예수 복음을 전하거나 확인했어야 했는데 그러지 못했다. 하나님께서 그런 기회를 주셨는데도 '열흘 후면 또 약속된 날짜가 있으니까, 보름 후면 또 있으니까, 곧 다가올 신년에 교회에 등록하고 다니면 되니까' 하는 느슨한 마음이 생각났다.

하나님께서는 때를 얻든지 못 얻든지 복음을 전하라는 음성을 남겨 주셨는데, 인간인 나는 내 생각대로 날짜를 미루고 또 미루었던 것이다. 이 생각을 할수록 하나님께 얼마나 죄송한지, 조 선생님에게 얼마나 미안한지, 흐르는 눈물을 어쩔 수 없었다.

한편으로 이렇게 생각해 볼 수도 있다. 조 선생님에게 친구 목사님도 있으니까, 나 아닌 누군가를 통해 복음을 전해 들었을 수도 있다. 그렇다면 감사하고 다행스러운 일이지만, 만약에 그게 아니면 어떡할 것인가. 그것이 아니라면 이 죄송함을, 이 미안함을 어찌해야 한단 말인가 하는 생각이 들었다.

조 선생님의 죽음을 통해 하나님께서는 영혼 공동체에 대한 마음을 다시금 부어 주셨다. 내일이 아니라 지금 하라는 것이다. 오늘 할 일을 내일로 미루지 말라는 것이다. 내일은 없을 수도 있기 때문이다. 또한 더욱 기도하라는 것이다. 사망의 영이 잔존해 있는 영혼 공동체에 생기가 가득하길 소망하며 기도하라는 것이다. 그리고 최선을 다해 복음을 전하라는 것이다.

부족하기 짝이 없는 나에게 하나님께서는 조 선생님의 죽음을 통해, 다시 한 번 하나님의 마음을 불어넣어 주시니 감사했다. 사나 죽으나 주의 영광을 위하여, 또한 때를 얻든지 못 얻든지 복음을 전하는 결심을 하도록 은혜 주신 하나님께 모든 영광을 올려드린다.

# 39. 선생님, 저는 복음을 전하고 싶어요

너는 말씀을 전파하라 때를 얻든지 못 얻든지 항상 힘쓰라
범사에 오래 참음과 가르침으로 경책하며 경계하며 권하라.
(디모데후서 4장 2절)

'더작은재단'은 다음 세대 청소년들을 위한 재단이다. 문화 예술, 워크숍, 스쿨처치 운동을 통하여 청소년들에게 복음을 전하는 사명을 감당하고 있다. 청소년들을 위한 사역이 목적이기 때문에 기독교사들과 긴밀한 파트너십을 맺고 동역하고 있다. 그래서 재단에서는 선생님들을 위한 프로그램도 준비하고, 선생님들을 격려하는 자리도 만든다. 이미 이 재단의 성격과 사명을 잘 알고 있는 선생님들이 북촌, '더작은재단'을 자주 찾아오고, 계속해서 동역하고자 요청하기도 한다.

한 기독교사 단체에서 주관한 선생님들의 워크숍이 있는 날이었다. 대략 10여 명이 참여했다. 왠지 선생님들의 얼굴은 항시 보면 밝고 명랑하다. 아마도 아이들과 함께여서 그럴 것이다. 교사들은 아이들을 가르치는 직업인이긴 하지만, 거꾸로 아이들을 보면서 참 많은 웃음을 배우고 있지 않은가.

참여한 선생님들은 매우 즐거워했다. 마치 아이들처럼 깔깔 웃었다. 간식도 먹고, 그림도 그리고, 만들기도 하면서, 선생님들은 프로그램 속에 들어가 서로 이야기 나누며 무척 기쁜 시간을 보내고 있었다.

## 아이들에게 복음을 전하고 싶어요

점심 식사 후, 잠시 휴식 시간이었다. 한 선생님께서 나에게 다가오셨다. 미소를 띠고 있었지만, 얼굴빛이 무거웠다. 발걸음도 편하지 않은 듯했다.

"선생님, 잠시 말씀 좀 나눠도 될까요? 꼭 드리고 싶은 말씀이 있어요."

"네, 그럼요. 선생님, 여기 앉으세요."

야외 공간에 있는 의자에 앉았다. 햇살이 적당하게 좋았고, 바람도 마음을 만지는 듯 부드러웠다. 그 선생님은 자리를 잡은 후, 한 번 심호흡을 하더니, 이내 입을 열었다.

"선생님, 저는 서울에 있는 Y고등학교에서 아이들을 가르치고 있어요. 이름은 이○○이고요. 나이는 40대인데, 이번에 Y고등학교에 정식으로 임용되었어요. 그동안 몇 학교에서 기간제 교사를 했고요."

이 선생님은 조용히 이야기를 풀어 갔다. 나는 이 선생님의 눈을 바라보았다. 왜 그런지 마스크 위로 보이는 선생님의 눈망울에서는 금세라도 눈물이 흐를 것 같았다. 이 선생님은 이렇게 말을 이어갔다.

"그런데요, 선생님! 저는 아이들에게 복음을 전하고 싶어요. 복음을 잘 전하고 싶은데, 용기가 나지 않아요. 학교 구성원들도 두렵고, 요즘엔 제도나 법도 기독교에 우호적이지 않잖아요. 믿지 않는 아이들도 많고요."

이렇게 말씀하시는 이 선생님의 눈에서는 눈물이 하염없이 흘렀다. 나는 티슈를 건넸다. 눈물을 닦으면서도 선생님의 이야기는 계속되었다.

"그런데도요. 아이들에게 복음을 전하라는 마음을 계속 주시는 거예요. 사실 건강도 좋지 않거든요. 하지만 무엇보다 자꾸 학교에 있는 아이들에게 복음을 전해야 한다는 마음을 주시는데, 자꾸 핑계만 대고 하지 못하는 것 같아서 하나님께 너무 죄송해요. 더욱이 이제 정교사까지 되게 해주셨는데. 선생님, 하나님의 뜻이 무엇일까요? 제가 이렇게 그냥 있으면 안 되겠지요? 어떻게든 아이들에게 복음을 전하는 선생님으로 살고 싶거든요."

이 선생님의 이야기를 듣는 내 눈에서도 어느덧 눈물이 흘러내리고 있었다.

### 후배 기독교사를 격려해요

하나님께서 그 선생님에게 주신 마음은 '복음'에 대한 열정이었다. 그 어떤 것보다 다음 세대 아이들의 영혼을 사랑하고, 본질적인 '복음'을 전하고 싶은 마음이 선생님께 가득했던 것이다. 여건과 상황은 갈수록 복음을 전하기 어렵지만, 그럼에도 하나님께서는 한 선생님에게 '복음'에 대한 열정과 헌신의 마음을 넘치도록 부어 주고 계셨다.

참으로 감사했다. 선배 기독교사인 나로서는 내 앞에서 복음의 열정으로 몸부림치며 울고 있는 이 후배 기독교사를 한껏 격려해야 했다. 그리고 선생님의 마음에 평안이 가득하고, 하나님께서 주시는 지혜가 가득하기를 기도해야 했다. 더욱이 육체적 건강도 주시길 기도해야 했다. 나는 눈물을 닦으며 말했다.

"선생님, 오늘 참 벅찬 감동을 경험하고 있습니다. 선생님의 마음에 하나님의 마음을 가득 부어 주셨네요. 복음에 대한 그 열정을 하나님께서 많이 축복하실 거예요. 상황이 어려울수록 선생님 같은 기독교사들을 하나님께서 찾고, 사용하시니 얼마나 감사한지요. 선생님, 힘내세요. 저뿐만 아니라 재단 식구들도 선생님을 위해 함께 기도할 거예요. 그리고 선생님이 계신 학교에 선생님을 통해 복음이 잘 흘러가게 하나님께서 역사하실 거예요. 저희 도움이 필요하면 언제든지 연락 주세요. 기도 제목도 계속 주시고요."

이 선생님은 고개를 끄덕였다. 내 말을 듣는 선생님의 눈에 점점 생기가 도는 듯 했다.

"선생님! 제가 기도 한 번 할게요. 괜찮으시죠?

나는 이 선생님을 위해 기도하기 시작했다.

"살아계신 하나님, 오늘 귀한 만남을 주신 것에 감사합니다. 이 선생님의 복음에 대한 열정은 하나님께서 주신 줄 믿습니다. 하나님, 그동안 여러 상황과 여건, 그리고 두려움으로 인해 마음껏 복음을 전하지 못했습니다. 하지만 요즘 계속해서 부어 주시는 하나님의 마음을 깨닫고 복음을 전하며 살아가길 원하는 이 선생님의 마음에 위로와 평강을 더하여 주시고, 이 선생님을 마음껏 사용하여 주시옵소서. 그 학교가 하나님의 학교, 복음의 학교가 되게 도와주시옵소서. 선생님의 육체적인 연약함도 다 아시는 하나님, 육적으로도 강건함을 더하여 주시옵소서. 하나님께서 선생님을 통해 영광 받으시고, 계획하신 일들을 다 이루실 줄 믿습니다. 지금 이후의 시간에는 선생님의 흐르는 눈물이 하나님께서 주신 감사와 간증의 눈물이 되도록 인도해 주시옵소서."

기도는 계속되었고, 하나님께서 주시는 위로와 격려, 사랑의 마음이 갈바람과 더불어 기도하는 우리에게 가득 넘치고 있었다.

# 40. 외로워서 여기를 찾아왔어요

우리가 알거니와 하나님을 사랑하는 자
곧 그의 뜻대로 부르심을 입은 자들에게는
모든 것이 합력하여 선을 이루느니라.
(로마서 8장 28절)

대전을 중심으로 활발하게 활동하고 있는 기독교사 단체로 '행복교육실천
운동'(이하 '행복교실')이 있다. 하나님의 인도하심에 따라 정기 예배 때 말씀
을 전하게 되었다. 집에서 출발하기 전날 밤, 집회 때 성령님께서 강력히 임
해 주시기를 기도드렸다. 그리고 「울보 선생의 영훈고 이야기 3」 두 권을 손
에 들고 집을 나섰다. 하나님께서 분명히 이 책을 필요한 선생님에게 선물
하게 하실 것이라는 믿음이 있었다.

수년 전 '대전기독교사대회'를 주관하고 나를 강사로 초청했던 박윤환 선
생님이 '행복교실'의 대표로 있어 이 기도회가 더욱 신뢰가 갔다. 또한 전
도사이기도 한 박 선생님은 이날이 본인이 설교할 차례인데 한 주 전 만났
을 때, 나에게 하나님의 뜻이라며 말씀 전해 주길 원했고 나는 흔쾌히 수락
했다.

일찍 도착한 선생님들은 기도회 준비를 하고 계셨다. 현수막을 들고 테이블을 옮기고, 간식을 챙기는 선생님들. 모두 일사불란하게 움직이고 있었다.

"선생님, 간단하게라도 식사하시죠."

식사를 권하는 박 선생님의 인도에 따라 자리에 앉았다.

## 홀로 찾아 온 선생님

내가 앉은 옆 자리에 한 남자 선생님이 계셨다. 박 선생님은 그분을 나에게 소개했다.

"아! 선생님, 이분은 오늘 처음 오신 선생님이에요. 세종에서 오셨다고 합니다."

나는 활짝 웃으면서 말했다.

"아하, 선생님, 처음 오셨어요? 잘 오셨어요. 우리 식사 같이 해요. 이쪽으로 오세요."

그 선생님은 이내 자리에서 일어나 내 앞 자리로 옮겨 앉았다. 나는 웃으며 학교와 이름, 오게 된 경위 등을 물으며 친근감 있게 말을 건넸다. 그 선생님은 세종시의 한 고등학교에 근무하시는 임영진 선생님이었다. 서울에서 기간제 교사를 하다가 세종의 한 고등학교에 정교사로 오게 되었다고 했다. 그리고 부모님의 암 투병으로 어려움을 겪는 학생이 찾아와서 그 학생을 위해 기도해 준 것을 계기로 흔들리는 믿음을 다잡고 기도하는 교사로 살아야겠다고 생각하며, 인터넷에서 정보를 얻어 행복교실을 찾아온 것이라고 했다. 그 선생님을 보며 나는 잠시 생각했다.

'이렇게 혼자 기도 모임에 찾아온다는 것은 쉬운 일이 아니다. 보통 누군가의 소개를 받아서 오거나 동행이 있어서 함께 오는데, 이렇게 혼자라도

용기 내어 찾아오도록 하신 하나님께서 이 선생님에 대한 특별한 부르심이 있는 것 같다.'

불현듯, 지난 달 서울에서 있었던 '기독교사 모임' 기도회 때, 한 여 선생님이 경남 양산에서 비행기를 타고 왔던 생각이 났다. 그 선생님은 양산에서 홀로 기독교사로 살아가고 있었으며, 동역자가 필요하다고 했다. 그런데 본인이 있는 지역에서는 만날 수가 없어 인터넷을 통해 '기독교사 모임' 기도회가 있다는 것을 알고, 서울까지 왔던 것이다. 그분은 두 시간여의 뜨거운 기도회를 마치고 저녁 식사도 뒤로 한 채, 다시 비행기를 타고 양산으로 내려가셨다. 그 선생님의 모습을 보며 이 말씀이 생각났다.

> 나를 사랑하는 자들이 나의 사랑을 입으며 나를 간절히 찾는 자가
> 나를 만날 것이니라(잠 8:17).

## 성령님께서 주관하시는 예배

저녁 7시, 선생님들의 찬양으로 예배가 시작되었다. 찬양 인도, 악기 연주 등 모든 것을 선생님들이 섬겼다. 그리고 함께 찬양하는 약 50명의 선생님들. 그 선생님들과 함께하는 내 눈에서는 눈물이 흘러내렸고 마음은 감격으로 넘치고 있었다. 찬양이 계속될수록 성령 하나님께서 예배를 받으시고, 이 모임을 주관하신다는 확신이 들었다. 나는 손을 들고 마음껏 찬양을 올려드렸다. 찬양 후 대표로 기도하는 '행복교실'의 전 대표 선생님의 기도는 매우 간절했다. 현실은 어렵지만 하나님께서 함께하시기에 달려가겠다는 결단의 기도를 올려드렸다. 나는 그 간절한 기도 소리를 들으며 계속 흘러내리는 눈물을 억제하지 못하고 있었다.

이윽고 내 순서가 되어 앞으로 나갔을 때, 나는 잠시 말을 하지 못했다. 자맥질 같은 울음소리가 내 가슴 저 밑에서부터 치밀어 오르고 있었기 때문이다. 많은 집회를 접했지만, 이런 상황은 참 드물었다. 나는 눈물을 참으며 하나님께서 주시는 마음으로 이렇게 말했다.

"선생님들, 오늘은 참 감사, 감동, 감격입니다."

이 말을 하는 순간 내 눈에 들어온 선생님들의 눈에도 눈물이 가득한 것을 발견했다. 하나님께서는 같은 마음을 주셨던 것 같다. 제자들을 위한 마음, 영혼을 사랑하는 마음, 학교를 사랑하고 걱정하는 마음으로 기독교사들이 한 자리에 모여 있다는 사실에 감격했다.

나는 마음을 가다듬고 말씀을 전했다. 비신앙인에서 기독교사가 된 이야기, 25년간 쉼 없이 기도하는 교사로 살아온 이야기, 영훈 학교가 기독교 학교가 된 이야기 등 그간 경험했던 하나님의 섭리에 대해 나누었다.

"선생님들, 저는 기독교사에 대해 전혀 알지 못하는 사람이었습니다. 그냥 국어만 좋아하고, 아이들을 제 나름대로 사랑하는, 그리고 술을 잘 먹고 글을 잘 쓰는 사람이었습니다. 그런데 하나님께서 저희 학급에 보내 주신, 루게릭 병에 걸려 죽어 가는 두 명의 아픈 학생을 위해 기도하는 기독교사가 되었습니다. 하나님께서는 3년의 기도 끝에 그 아이를 살려 주시고, 그 가정도 구원해 주셨습니다.

그런데 제가 양다리 신앙인으로 루게릭 병 제자들을 만났을 때, 장로님이신 한 선생님의 인도로 '한국교육자선교회'에 갔습니다. 정기적인 월례 예배였던 것 같은데, 그곳에는 대부분 연세가 많은 어른 선생님이 여러 분 계셨습니다. 그때 저는 30대 후반이었어요. 예배 후에 제 소개를 해주시고, 이어서 기도 제목을 물어 보시더라구요. 저는 그때 루게릭 병 제자들로 인해 무척 힘들었습니다. 아이들이 이틀이 멀다하고 쓰러져서 응급실로 가고 그랬거든요. 그래서 아이들의 회복이 가장 간절한 기도 제목이었어요. 그래서 저는 그 아이들을 위해 기도해 달라고 했어요. 구원이 아이들에게 임하고, 가정에도 임하고, 사랑하는 제자들 병도 낫게 해달라고요."

## 더더더 작아지는 재단이에요

25년 전, 참 오랜 시간이 흘렀지만 잊히지 않고 오히려 또렷이 생각나는 일이었다. 그때 상황은 이러했다. 내가 울먹이는 목소리로 제자들을 위해 선생님들께 기도 요청을 했을 때였다. 사회를 보시는 선생님께서 이렇게 말씀하셨다.

"우리 최 선생님의 제자들을 위해 기도하겠습니다."

그때였다. 머리가 하얗게 센 선생님 몇 분이 의자에서 내려와 바닥에 무릎을 꿇었다. 그리고 이내 소리 내어 기도하기 시작했다. 그렇게 간절히 기도드리는 모습은 나에게 일종의 충격이었다. 그분들은 아이들뿐만이 아니라 나를 위해서도 기도해 주셨다. 절대 지치지 않도록, 하나님을 끝까지 신뢰하도록 말이다. 나는 이 오래 전의 이야기를 25년이 흐른 날, '행복교실' 선생님들과 나누며 이렇게 말했다.

"선생님들, 그런데요. 어느덧 제가 저의 루게릭 병 제자들을 위해 무릎 꿇고 기도해 주시던 그 선생님들만큼 나이가 들었어요. 저는 회심한 후 지금까지 20여 년을 기독교사로 달려왔는데, 이제는 기도하는 후배 선생님들 섬기라고, 여러분에게 조금이라도 힘이 되어 드리라고 하나님이 마음을 주셔서 여기에 왔습니다. 그래서 앞으로 밥 사드리려고요. 힘든 선생님들, 어디에 계시든지 찾아가 기도해 드리고 격려해 드리려고 해요. 그래서 우리 제자들, 다음 세대 아이들을 힘내어 잘 키우도록요. 그게 하나님께서 저에게 주신 마지막 남은 인생의 사명이에요."

내 얘기를 듣는 선생님들의 눈시울이 가을 단풍처럼 붉어졌다. 그것은 하나님께서 부어 주시는 사랑과 은혜, 감동이었으리라. 나는 '더작은재단'을 설명하며, 선생님들과 파트너십을 맺고 학교에서 제자들을 교회처럼 세워 가는 사역에 대해 안내했다. 그리고 '더작은재단'에서 섬기고 있는, '오픈아이즈 스쿨'과 '뮤지컬', '무빙워크숍', 그리고 '스쿨처치임팩트'에 대해서도 설명드렸다.

"선생님들, 그래서 '더작은재단'은 '더더더 작아지는 재단'이라는 뜻입니다. 하나님께서 한 분에게 부어 주신 믿음과 물질을 하나님 나라를 위해, 즉 기독 학생들을 통해 학교를 교회처럼 만드는 사역에 쓰도록 마음 주셨기에, 재단 대표님이 순종하신 것입니다. 그리고 20명가량의 사역자가 함께 뛰고 있습니다. 저희 재단은 다름 아닌, '복음'을 전하는 재단입니다."

선생님들은 고개를 끄덕이며 깊은 감동과 공감을 표현하고 있었다. 나는 말씀을 마치고 이어서 기도회를 인도했다. 계속해서 마음에서 일어나는 감사와 감동, 감격을 주체하기가 힘들었지만 성령님께서는 그것마저도 아름답게 사용하고 계셨다.

나는 '사명이 생명보다 중요하고, 사명이 목숨보다 중요하다'고 외쳤다. 그리고 우리 모두 목숨을 걸고 주어진 '기독교사의 사명'을 다하자고 소리 높여 외치며 기도했다.

기도하는 가운데 나는 무릎을 꿇었다. 박 선생님도 무릎을 꿇고 기도하고 있었다. 나와 선생님들의 기도 소리는 더욱 커졌다. 나는 기도를 하다가 마이크를 넘겼다. 박 선생님이 기도회를 이어갔다. 박 선생님은 열정의 목소리로 말씀을 붙잡고 기도회를 인도하였고, 또 몇 가지 학교와 관련된 기도 제목으로 뜨겁게 기도회를 인도했다.

## 기쁜 만남의 시간

은혜 가운데 예배를 드린 후, 인사를 나누는 시간이 있었다. 박 선생님은 오늘 처음 오신 임 선생님을 앞으로 초대했다. 그리고 자기 소개 겸 오게 된 경위를 물었다. 임 선생님이 앞으로 나왔다. 임 선생님의 눈시울도 붉어진 상태였다.

"저는 세종에 있는 B고등학교 사회 교사입니다. 주로 서울에서 지내다가 세종에 있는 학교로 정교사 발령이 되었어요. 그런데 퇴근하면 아는 사람도 없고, 외로웠어요. 그리고 얼마 전 저희 학급의 아이가 찾아와서 자기가 힘들다고 얘기하더라고요. 왜 그런가 했더니, 아빠, 엄마 모두 항암 중이라는 거예요. 그 얘기를 듣고, 기도해 준다고 했어요. 그리고 그때 제 고갈된 믿음을 알게 되었고, 믿음을 회복해야겠다 싶어서 인터넷을 뒤져 보았어요. 그랬더니 이런 모임이 있어서 결심하고 여기에 오게 된 것입니다."

이때였다. 모든 선생님의 환호와 환영의 박수가 울려 퍼졌다. 나는 가지고 간 두 권의 책 중 한 권을 임 선생님에게 선물로 드렸다. 그리고 이 모임에 1년 전부터 나오신 선생님께도 또 한 권의 책을 선물로 드렸다.

모든 예배를 마치고 서로 인사를 나누었다. 사진도 함께 찍었다. 나중에 알았지만, 스쿨처치를 하고자 하는 대전의 P교회 S목사님이 사모님과 어린 자녀들을 데리고 참석 했다는 것도 알게 되었다. 그리고 구면인 몇 분의 선생님들, 후배 선생님들과도 기쁜 만남을 가졌다. 그리고 나에게 다가와 이렇게 말을 건네셨다.

"선생님, 얼굴에서 빛이 나요."

"선생님의 삶은 항상 현재형이네요."

"더작은재단이 어떤 곳인지 잘 몰랐는데, 이제 확실히 알게 되었어요."

"선생님, 자주 오셔야겠어요. 정말 큰 힘이 되었습니다."

서울로 올라가는 기차 시간이 임박했다. J선생님께서 나를 서대전역까지 데려다 주셨다. 기차 출발 시각 4분 전에 가까스로 역에 도착했다. 감사히 서울에 올라와 나는 J선생님께 카톡을 보냈다.

"샘, 감사해요. 기차 잘 탔어요. 베스트 드라이버였습니다."

이내 J선생님으로부터 답장이 왔다.

"선배님! 안 그래도 기차 잘 타셨는지 걱정되었는데. 저야말로 오늘 급한 마음에 너무 정신없이 모셔다 드려서 마음이 쓰였어요. 다음에 또 모시게 된다면 평안히 모시겠습니다. 오늘 정말 감동, 감사, 감격이었습니다! 선배님 심령에 부어진 하나님의 불이 제 가슴에도 지펴지길 사모하게 되었습니다. 하나님의 때에 조만간 또 와주세요. 집에 조심히 들어가셔요. ㅠㅠ."

J선생님의 "선배님"이라는 호칭이 참 좋았다. 친근감을 넘어선 싱그러움까지도 느껴졌다. J선생님과 같은 후배 교사들에게 부끄러움 없는 '선배 교사'로 살아가야겠다고 다시 한 번 마음의 결단을 하게 되었다.

아래는 서울로 올라오는 중에 임 선생님께서 보내신 메시지다.

선생님, 참으로 감사합니다. 모든 선생님에게 그러했겠지만 하나님이 오늘은 특별히 저를 위해 선생님을 보내 주신 것이 아니었나 싶습니다. 교사로서 한 개인으로서 어디로 가야할지 막막한 시기를 겪고 있습니다. 허나 목사님을 통해 제 삶이 변화받을 단서를 찾은 것만 같은 오늘입니다. 다시 한 번 감사드립니다. 감히 앞으로도 종종 소통하며 고견을 여쭙기를 청해 봅니다. 그럼 돌아가는 발걸음 평안하시길 바라겠습니다.

　한 치의 오차도 없으신 하나님, 하나님의 때에 하나님의 방법으로 임 선생님을 부르신 하나님, 그 하나님이 이 땅의 또 한 명의 기독교사를 부르시고, 기독학생을 부르시며 사용하고 계신다는 것을 확신한 날이었다. '행복교실'의 모든 선생님을 통해 아름다운 복음의 역사가 학교 현장에 흘러넘칠 것이다. 그리고 살아계신 하나님께서 '더작은재단'을 통하여 이분들을 세워가시고, 격려하게 하시고, 이 땅의 학교에 다음 세대 아이들이 '교회'로 서 가도록 역사하실 것이다.

# 41. 기독교사 스승과 기독교사 제자

우리 주 예수 그리스도와 우리를 사랑하시고
영원한 위로와 좋은 소망을 은혜로 주신 하나님 우리 아버지께서 너희 마음을 위로하시고
모든 선한 일과 말에 굳건하게 하시기를 원하노라.
(데살로니가후서 2장 16-17절)

이남선 선생으로부터 연락이 왔다.

"선생님, 저희 학교 근처 교회에 오셨다고요? 일 마치시고 꼭 저희 학교에 오셔야 해요. 시간 되시나요?"

제자인 이남선 선생은 나처럼 기독교사의 삶을 살고 있다. 이남선 선생의 요청은 계속되었다.

"선생님, 오셔서 기도도 한 번 해주시고요. 가능하면 제자들을 만나 주시면 더욱 좋을 것 같아요."

나는 교회 일정을 마무리하고, 이남선 선생이 근무하는 B고등학교로 이동했다. 마침 학교가 교회에서 가까운 거리에 있어 쉽게 찾아갈 수 있었다. 이남선 선생은 반색을 하며 나를 맞아 주었다.

"선생님, 오늘 동아리 모임이 있는 날이어서요. 다른 아이들은 이미 마쳤

고요. 저희 학급 아이들만 아직 남아 있어요. 선생님께서 제가 근무하는 학교에 오셨다는 사실 그 자체가 영광이에요. 너무 좋습니다."

## 나의 첫 제자

이남선 선생은 내가 교직 생활에서 만난 첫 제자다. 나는 영등포 쪽에 있는 J고등학교에서 교직 생활을 시작했다. 그때 내가 고 2, 3학년 학생들을 가르쳤는데, 그중 한 학생이 이남선 선생이었다. 그때 내 나이는 27살. 그래서 이남선 선생과 나는 8살 차이가 난다.

부끄러운 고백이지만 그때 나는 기도하는 기독교사가 아니었다. 신앙 자체가 없었다. 기독교사라는 이름도, 삶도 몰랐다. 내 나름대로 아이들을 무척 사랑하는 교사였고, 아이들도 나를 좋아했지만, 사실 거의 매일 술에 빠져 살았고, 낭만을 무척 즐기는 시를 쓰는 국어 교사였다.

모교인 영훈고로 와 주님을 만나고 분주히 기독교사의 삶을 살던 때, 이남선 선생이 전화를 했다. 자신이 J고등학교 때의 제자라고 하면서.

나는 이남선 선생을 영훈고로 오라고 해서 같이 밥을 먹고, 이야기를 나누었다. 그는 기독교사의 삶을 살고 있는 나를 언론에서 보도한 것을 보고, 놀라움과 반가움으로 연락했다고 말했다. 이남선 선생은 그전에 선교사로 살고 있었고, 그 후 한국에 돌아와 기독교사의 삶을 살아가고 있다고 했다.

그때부터 이남선 선생과 통화로 근황을 나누었다. 그리고 잠시라도 여유가 있을 때는 영훈고로 나를 찾아오기도 했다. 그리고 학교에서 벌어지는 일 등 여러 고민을 상의하기도 했다. 이남선 선생은 기윤실 소속의 리더로 활동하고 있었고, 아이들과 학교 안에서 기독 동아리 큐티 모임도 하고 있었다. 나는 믿음의 교사로 열심히 잘하고 있는 이남선 선생이 나의 제자라는 사실이 무척 자랑스럽고 생각할수록 기쁘다.

## 제자의 제자들을 위해 기도하며

이남선 선생은 교정과 교실, 그리고 교실 앞의 작은 공간을 차례로 보여
주었다. 기독교 학교의 모습이 완연히 드러나는 교정이었다. 그리고 교실에
서도, 작은 공간에서도 기독교사로 살아가고 있으며 예수님의 향기가 드러
나고 있었다. 작은 공간에 들어가자 이남선 선생은 나에게 이렇게 말했다.

"선생님, 여기에서 아이들과 큐티 모임을 하고 있어요."

말씀을 나누는 모습. 나 역시 그러한 삶을 살아왔기에, 그 헌신에 얼마나
수고가 따르는지를 잘 알고 있다. 또한 가장 기쁜 순간이 아이들과 말씀을
나누는 시간임을 잘 알고 있다. 그 기쁨을 누리는 모습이 연상되었다.

이남선 선생은 복도에서 만난 아이들과 교실에 있는 아이들에게 나를 소
개했다.

"애들아! 이분은 선생님의 선생님이야."

잠시 어리둥절해 하는 아이들에게 이남선 선생은 다시 한 번 말했다.

"선생님이 고등학생 때, 국어를 가르치셨던 선생님이라고."

그제야 아이들은 놀라워하는 반응을 보였다.

"와~, 헐~."

이남선 선생은 다소 흥분한 상태인 것 같았다. 나와 아이들은 즐겁게 인
사를 나누었다. 이남선 선생은 자신의 제자들을 위해 기도해 달라고 말했
고, 나는 기쁜 마음으로 제자가 담임을 맡고 있는 교실에서 제자의 제자들
을 위해 기도했다.

## 동역의 기독교사로 살리라

이어서 교무실 자신의 자리로 안내했다. 그리고 자기 자리에 앉으라고 했다. 나는 왜 그런지 의아해 하면서도 시키는 대로 교무실 의자에 앉았다.

"선생님, 제가 소원이 있었는데 그것은 선생님께서 교무실 제 자리에 앉으셔서 저를 위해 기도해 주시는 거였어요. 그런데 이렇게 오셨으니까 기도해 주세요. 선생님, 지금 제가 얼마나 기쁜지 몰라요."

나는 고개를 끄덕이며 이남선 선생의 자리에 앉아 기도했다. 하나님께서 주시는 마음으로 기도했다. 기독교사로 살아가는 사랑하는 제자가 기도하는 교사로서의 삶을 잘 살아가기를, 복음을 전하고 복음으로 사는 이 시대의 기독교사로 계속 쓰임받기를 간절히 기도했다. 기도하는 나에게도, 함께 기도하는 이남선 선생에게도 하나님께서는 큰 기쁨과 감동을 부어 주고 계셨다.

저녁 식사를 같이 하고, 카페에서 차를 마시며 긴 이야기를 나누었다. 이야기를 나누며 무엇보다 기뻤던 것은 같은 비전을 스승인 나와 제자인 이남선 선생에게 하나님께서 주셨다는 것이고, 그 비전이 또 현재의 제자들에게 계속 대물림되고 있다는 사실이다.

주님이 다시 오실 때까지 예수님의 제자들이 양육되어야 하는 사명은 계속되어야 한다는 것. 그래서 현재의 상황이 아무리 어렵고 힘들더라도 감당해야 할 몫이라는 것에 마음을 모았다. 나는 이렇게 말했다.

"그래서 우리 인생은 -ing야. 끝까지 소망을 잃지 말고 나아가도록 하자."

밤을 새면서도 나눌 수 있는 하나님 이야기, 학교 이야기, 복음 이야기였다. 하나님께서는 스승인 나와 제자인 이남선 선생을 만나게 하시고, 동역의 길을 가도록 인도하고 계셨다. 특히 앞으로 제자들과 교사들을 위한 기도회, 예배 등 여러 활동에 함께하기를 약속했다. 지하철역까지 나를 데려다 주는 차 안에서도 이야기는 계속되었다.

만남을 마치고 집으로 돌아오는 내내 하나님께서 주시는 은혜와 감동이 내 마음과 몸을 휘감고 있었다.

# 42. 복음의 소리 쌤이 되세요

만일 너희 속에 하나님의 영이 거하시면 너희가 육신에 있지 아니하고
영에 있나니 누구든지 그리스도의 영이 없으면 그리스도의 사람이 아니라.
(로마서 8장 9절)

지난여름 총신대학교에서 한 선교 단체 주관의 청소년 수련회가 있었다. 강의를 마친 후, 컵에 담긴 성경 말씀 갈피를 참여한 분들에게 드리려고 강단을 내려오는데, 교회 학생들을 인솔해 온 한 젊은 여 선생님이 내 앞을 가로막았다.

"저, 선생님, 이거 뽑아도 될까요? 우리 교회 아이들에게 나눠 주고 싶어서요."

나는 활짝 웃으며 말했다.

"그럼요. 선생님, 얼마든지 뽑아 가셔요."

그 선생님은 몇 장의 말씀 갈피를 뽑았다. 그리고 나를 보며 말했다.

"선생님, 저는 초등학교 교사예요. 금년에 부임했어요."

짧은 몇 마디의 말이었지만, 매우 신선하고 강렬하게 내 뇌리를 자극했다.

명쾌하고 발랄한 목소리였기 때문일까. 저절로 기분이 좋아진 나는 그 말을 듣는 순간 이렇게 말을 이었다.

"아, 현직 선생님이시면 기독교사 수련회 같은 데 참여하시면 좋을 것 같은데, 혹시 참여해 보신 적 있으신가요?"

"아뇨, 하지만 기회가 되면 꼭 참여해 보고 싶어요."

예정된 교사 집회 일정으로 가장 빠른 것은 대전에서 진행되는 '기독교육자대회'였다. 1박 2일로 진행되고, 배재대학교 아펜젤러관에서 예정되어 있었다. 또한 첫날 저녁 말씀을 내가 전하기로 되어 있었다. 나는 그 선생님에게 집회 안내지와 순서지를 보내드리고 상세히 설명해 주었다.

그 선생님의 이름은 '소리'였다. 모습과 이름이 딱 들어맞는다고 생각했다. 소리 선생님은 빠르게 회신을 보내왔다.

"선생님, 여기 가 보겠습니다."

소리 선생님은 대전에서 하는 기독교육자대회에 참석했다. 대전 지역의 교사들을 대상으로 하는 집회인데, 서울 선생님으로는 유일하게 소리 선생님 한 분이 참여한 것이다.

더욱이 첫날 오전 10시 개회 예배에 맞추기 위하여 새벽 5시에 일어나 준비했고, 고속버스를 타고 배재대학교까지 왔다는 것은 모인 선생님들에게 큰 감동을 주기에 충분했다. 첫날 저녁 집회를 마치고 서울로 돌아와야 해서 나와 소리 선생님은 한 출판사의 차량에 동승하여 서울로 돌아오게 되었다.

## 복음의 소리가 선생님을 통해 펼쳐 나가기를

소리 선생님은 작고 아담한 모습이지만, 열정과 결단력, 그리고 무엇보다 하나님의 마음으로 아이들을 양육하는 기독교사로서의 삶을 살기를 원하고 있었다. 자기를 만나는 제자들이 예수 그리스도를 만나 구원을 받고 복음의 사람으로 성장하기를 기도하고 있었다. 눈물 어린 표정과 대화 속에서 충분히 그 마음을 읽을 수 있었다. 그러나 현재는 아무것도 없어 보이는 초임 교사. 소망은 있지만 아무것도 보이지 않을 때, 하나님께서는 소리 선생님이 나의 강의를 듣게 하셨던 것이다.

소리 선생님을 보면, 불현듯 내가 처음 기독교사로 결심했을 때의 모습이 떠오른다. 기독교 학교가 아닌 영훈고에서 수업 전에 기도하라고 하신 하나님, 아이들에게 벌어지는 현상을 보고 한탄, 좌절, 실망이 아니라 기도하며 대안의 지혜를 모색하는 기독교사로서의 삶을 제시해 주신 하나님. 그때 참 많은 눈물의 기도를 드렸고, 지금도 그 삶을 살게 하신 하나님께 감사할 따름이다. 믿음은 여건이나 상황, 아무것도 준비되어 있지 않고, 갖추어져 있지 않을 때 하나님께만 집중하게 한다. 그것이 믿음의 힘이다.

하나님께서는 하나님의 마음을 품은 사람의 기도를 들으시고 은혜를 부어 주시며, 모든 삶이 간증이 되게 역사하신다. 중요한 것은 상황을 보는 것이 아니라, 그 상황 가운데 역사하시는 하나님을 보아야 한다는 것이다.

나는 소리 선생님을 마음껏 기도하며 축복했다. 그리고 엽서에 짤막한 글을 써 주었다.

소리 선생님.
복음의 소리가 선생님을 통해 펼쳐지기를 기도합니다.
울보 선생 최관하.

그 후 소리 선생님은 이 엽서를 교무실 자기 자리에 붙여 두고 매일 본다고 하였다. 나는 그때부터 이 선생님을 "소리 쌤!"이라고 부르기 시작했다. 복음의 소리가 소리 쌤을 통해 학교 현장에 펼쳐 나가기를 소망하며 계속 축복하라는 마음을 하나님께서 부어 주신 것이다.

며칠 후에 소리 쌤으로부터 이런 카톡이 왔다.

"선생님, 좋은 소식이 하나 있어요. 6학년 여학생 두 명이랑 다음주 화요일부터 학교를 위해서 기도하기로 했습니다. 지난주에 학생한테 말씀 카드를 주면서 학교를 위해 같이 기도하는 게 어떨지 물어 봤는데 오늘 그렇게 한다고 대답하더라고요. 다음주 화요일 첫 시작인데, 첫 기도 모임은 어떻게 진행하고 뭘 준비하면 좋을까요?"

나는 이 글을 읽으며 얼마나 가슴이 뛰었는지 모른다. 은혜받은 자의 모습을 소리 쌤에게서 발견했기 때문이다. 은혜받은 자라면 받은 것으로 그치지 않고, 그다음 행동이 뒤따라야만 한다. 예배나 집회 때 보면 "은혜받았고 말씀이 참 좋았어요"라고 고백하는 사람이 많지만, 그다음 행동으로 나타나는 사람은 많지 않기 때문에 소리 쌤의 발걸음이 더욱 귀하다는 생각이 들었다.

나는 소리 쌤에게 아이들과 만나는 데 필요한 몇 가지 조언을 해주었다. 그리고 기도로 축복해 주었다.

## 오지 않은 여학생과 온 남학생

그다음에 온 소리 쌤의 소식은 기다렸던 두 여학생이 오지 않았다는 연락이었다. 안타까워하지 않을까 순간 생각했지만, 소리 쌤의 이어지는 내용은 이러했다.

"그런데요, 선생님, 하나님께서 다른 남학생 한 명을 보내 주셨어요. 기다리던 여학생은 오지 않았지만, 하나님께서는 더욱 급하고 필요한 남학생을 보내 주신 거예요. 6학년인데요. 이야기를 들어 보니까 가정에 어려움이 많고 상처도 많은 아이더라고요. 그래서 기도하고 말씀 갈피를 선물로 주고, 또 만나기로 했어요."

소리 쌤의 기뻐하는 모습과 하나님께 감사와 감격하는 모습이 보이는 듯했다. 그 남학생은 소리 쌤과의 만남을 평생 잊지 못할 것이다. 또한 소리 쌤 입장에서도 그럴 것이다. 앞으로 그 아이에게, 또 이 기도 모임에 어떤 변화가 있을지는 모르지만, 하나님께서는 순간순간 우리에게 선택과 결단을 하게 하시고, 기도하게 하시고 하나님의 뜻을 이루어가신다는 것을 신뢰할 때 놀라운 복음의 역사는 계속될 것이다.

소리 쌤은 두 명의 여학생이 오지 않은 것에 실망하지 않았다. 그리고 보내 주신 한 남학생을 귀하게 보는 영적인 눈이 열려 있었다. 참으로 감사한 일이 아닐 수 없다.

그 이후 소리 쌤은 영훈 센터에서 진행하고 있는 유쓰월요집회에 참여해 눈물로 기도했다. 그리고 기독교사 모임 기도회 등에 매번 참석했다.

하나님에 대한 사랑과 복음에 대한 열정, 그리고 하나님께서 주신 지혜와 지식의 은사를 가지고 나아가는 선생님, 무엇보다 하나님의 마음으로 제자들을 품고자 하는 소리 쌤의 모습을 보며, 이 시대 기독교사들을 다시금 떠올리며 더욱 간절하게 기도하게 되었다.

예수 그리스도를 보내 주시며 십자가에 못 박기까지 우리를 사랑하신 하나님. 그 포기하지 않는 사랑이 이 시대 기독교사들의 마음 가운데 가득하기를 기도한다. 소리 쌤과 같은 복음의 소리를 외치며 헌신하는 귀한 기독교사 한 사람 한 사람이 우리나라 전국의 모든 학교에서 불일 듯 일어나기를 소망하며, 오늘도 두 손을 모아 간절히 기도한다.

# 43. 아버지학교에서 만난 은사님

그러므로 나의 사랑하고 사모하는 형제들,
나의 기쁨이요 면류관인 사랑하는 자들아 이와 같이 주 안에 서라.
(빌립보서 4장 1절)

100주년기념관에서 열리는 '아버지학교'(중앙 21기) 강의를 하기 위해 지하철을 이용했다. 토요일은 길이 무척 막히기도 했고, 또 오전에 제자의 결혼 주례가 있었기에 시간이 촉박해서 더욱 대중교통을 이용했다.

아버지학교는 매번 그렇듯이 감동과 회복이 있다. 찬양과 율동, 그리고 나눔과 간증 속에 하나님께서 원하시는 하나님의 마음이 흐르고 있음을 감지할 수 있었다.

내가 강의할 부분은 전반부 '남편의 사명'과, 후반부 '아버지의 사명'이었다. 한참 강의를 하던 중인데, 내 눈에 들어오는 참가자가 있었다. 연세가 많으신 할아버지가 계셨는데, 내가 아는 그분, 경동호 장로님이 확실하다는 생각을 하는 순간, 눈시울이 뜨거워졌다.

## 기독교사로 인도하신 장로님

1990년대 후반, 나는 교회와 술집을 넘나들던 양다리 신앙인이었다. 특히 학교에서는 문제아 학생을 잘못 건드려 고막을 터지게 해서 '폭력 교사'로 전락하였던 때였다.

죽어가던 루게릭 병 제자 두 명과, 아픈 딸 다빈이를 살려 주셨던 하나님께서 그때 가장 어려운 상황을 나에게 허락하신 것이다. 그때 나는 시인들의 시 낭송회 모임을 하고 있었는데, 신앙과 현실의 중간에서 괴로워하고 있던 시기였다. 왜냐하면 시인들은 꼭 시 낭송회를 하고 술집에서 술을 마시고 얼큰히 취해서 헤어지곤 했기 때문이다. 말씀 훈련을 받고 신앙이 깊어질수록 해결해야 할 문제였다.

그 무렵 경동호 장로님을 만나게 되었다. 경 장로님은 서울사대부고 교감으로 퇴임하신 후, 한국교육자 선교회의 사무총장으로 섬기고 계셨다. 따뜻하고 온화한 성품을 갖고 계신 장로님이셨다. 시인의 모임에서 만난 장로님은 나에게 이렇게 말씀하셨다.

"최 선생님, 제가 참여하는 모임이 있는데, 최 선생님이 참여하면 정말 좋을 것 같습니다."

그래서 나는 한국교육자 선교회에 첫발을 내딛게 되었다. 우리나라에 있는 기독 교육자 단체로 대표적인 것이 한국교육자 선교회, 좋은교사 모임, 기독교사모임 등이 있다. 이 가운데 가장 어른 세대들, 대학 총장, 학교 이사장, 교장, 교감, 교사, 교육청 직원 등이 포진해 있는 곳이 한국교육자 선교회다. 여기에는 전국적으로 지방회, 지역회가 조성되어 있고, 각 학교 신우회를 관리하고 있다.

나는 이곳에서 기독교사의 정체성을 찾게 되었고, 지금까지 근 20년 가까운 세월을 기독교사로 살아왔다. 그리고 지금은 한국교육자 선교회 중앙회 미래 세대를 이끄는 책임을 주셨다. 이러한 길로 인도함을 받을 때 결정적 역할을 하신 분이 경동호 장로님이다. 경 장로님은 현재 83세, 한국교육자 선교회 사무총장직도 내려놓으신 상태다.

사역으로 분주한 가운데, 장로님을 제대로 찾아뵙지 못한 미안함과 또 이렇게 아버지학교에서 만난 기쁨이 강의 중에 샘솟듯이 올라왔다.

나는 첫 강의를 마치고 장로님에게 다가갔다. 장로님도 자리에서 벌떡 일어나 나를 안아 주셨다. 두 눈에서는 눈물이 주루룩 흘러내렸다.

### 두 분의 섬김으로

그때였다.

"최 목사님!"

나를 부르는 소리에 뒤를 돌아보니, 한 분의 참가자가 나를 보며 인자한 웃음을 보내고 있었다.

"아~."

나는 놀란 눈과 탄성으로 그분을 바라보았다. 내가 삼선 중학교 3학년 때 담임 선생님인 백승구 선생님이셨다. 선생님은 그때 체육을 담당하셨다. 당시 나는 무척 내성적인 성격이었는데, 체육 선생님을 대할 때는 좀 부담이 되었다. 하지만 선생님은 맡으신 과목과는 달리 다정한 면이 많으셨다. 내가 부반장으로 선생님을 많이 도와드렸던 기억이 있다. 그때 매일 선생님께서 조회, 종례 시간에 항상 하시던 말씀이 있다.

"무엇 때문에 무엇을 못하는 것이 아니야. 무엇임에도 불구하고 가능하단 말이야. because of 가 아니고, inspite of 라고!"

어렸을 때 나는 백 선생님이 기독교인이라는 사실을 몰랐지만, 세월이 흐르면서 알게 되었다.

"because of 가 아니고, inspite of"

이 말은 바로 예수님을 붙잡고 나아가라는 말, 그리고 내가 설교를 하거나 강의를 하거나 삶에 어떤 일이 있어도 나의 좌우명처럼 되어 버린 말이다. 그리고 사람들을 격려할 때 사용하는 말이기도 하다.

백승구 선생님과 경동호 장로님. 70대와 80대 연배인 분들이 아버지학교에 지원해서 오신 것이다. 나는 두 분을 번갈아 보며 안으며 감사의 인사를 나누었다. 누군가의 사랑과 섬김, 기도와 인도함은 한 사람을 변화시킨다. 이 두 분의 섬김으로 나는 여기까지 왔다. 관심을 갖고 사랑을 표현하고 기대감을 가질 때 사람은 변한다. 하나님의 사람으로 결국 쓰임받게 된다.

나는 하나님의 마음을 품고 좋은 남편, 아버지로서 살아가기를 소망하며 오신 두 분을 진심으로 축복했다. 집으로 돌아와 감사의 문자를 보냈다. 백승구 선생님께서 회신을 보내왔다.

"말로 형언할 수 없을 정도로 기쁘고 반가웠어. 자네가 훌륭한 교사로, 은혜 넘치는 목사님으로 아버지학교를 뜨겁게 이끌었을 때 누구보다 감격스러웠다네. 내가 아버지학교 입학시킨 친구가 부부학교에도 가고 싶다는데 기회가 닿으면 정보를 주면 좋겠네. 반갑고 고맙네."

# 44. 야학 교사를 했어요

우리가 알거니와 하나님을 사랑하는 자
곧 그의 뜻대로 부르심을 입은 자들에게는
모든 것이 합력하여 선을 이루느니라.
(로마서 8장 28절)

인도네시아 유스코스타에 참여했다. 아내도 함께 코스타에서 강의를 하게
되어 이전 코스타 참여 때보다 기쁜 마음으로 가게 되었다.

코스타 강사들의 특징은 자비량 사역이며, 강사비도 없다. 게다가 아이들
이 원할 경우 개인 상담도 해야 한다. 코스타 강사들은 코스타 기간 동안 같
은 곳에 있으며 서로 격려하고 같이 강의를 듣고 붙잡고 기도한다. 그렇게
우리는 새로운 힘을 얻곤 한다.

인도네시아 유스코스타 강사진에 안요한 목사님이 계신 것을 보고 나는
자못 흥분되었다. 안 목사님과 나는 35년 전에 특별한 만남이 있었기 때문
이다.

안요한 목사님은 시각 장애인이시다. 그럼에도 세계 곳곳을 다니며 복음
을 증거하는 분이다. 연세도 70대 후반 가량 될 것이라 생각했는데, 아직도

집회를 다니신다는 것에 상당한 도전이 되었다.

## 야학 교사 시절

나는 대학교 1학년 때 야학 교사를 했다. 영훈 고등학교 재학 시절, 학도호
국단(현재의 총학생회) 간부를 같이 했던 선배가 졸업 후 자기가 나가는 야학
에 국어 교사가 필요한데 봉사 좀 하라고 해서 별 생각 없이 간 것이다. 야학
장소는 현재 미아사거리 현대백화점 뒤 작은 교회였는데 이름은 새빛교회.
그리고 작은 예배당 한 켠이 바로 야학 장소였다.

이때 나는 거의 술독에 빠져 살았다. 시를 쓰는 문학 청년으로 살았다. 어
떤 때는 술 마시다가 야학에 온 적도 있었다. 그때마다 나는 검정고시 준비
생들에게 김소월의 '진달래꽃'을 노래와 함께 가르쳤으며, '천재 시인은 요
절한다'고 외쳤다. 그리고 나도 그렇게 죽을 것 같다고 읊조렸다. 그때를 생
각하면 그분들에게 얼마나 미안한지 모른다. 믿음 없는 대학생 야학 교사를
두고 얼마나 기도했을까 생각이 든다. 하지만 당시에 나는 그런 사실도 모
른 채 그렇게 사는 것이 최선의 삶이라 생각했다.

야학이 있던 새빛교회를 시무하던 분이 바로 안요한 목사님이다. 35년 전
안요한 목사님의 모습이 잘 생각나지 않지만, 짧게 대화하고, 문득 문득 스
쳤던 생각이 난다.

이 무렵 이장호 감독의 <낮은 데로 임하소서>라는 영화가 극장가에서
상영되었는데, 바로 안요한 목사님의 실화를 바탕으로 한 영화다. 안 목사
님은 프랑스어 교사를 하다가 실명하게 되었다. 그리고 하나님의 부르심을
받아 목사 안수를 받고, 시각 장애인들을 위한 사역을 계속 해오고 계셨다.

## 그러니까 더욱 하나님께 감사합니다

그리고 12월 27일 유스코스타 강사 대기실에서 안요한 목사님을 만나게 되었다. 나는 가슴이 뛰었다.

"목사님, 안녕하세요?"

목사님은 70대 후반이라 보기 어려울 정도로 얼굴빛이 좋아 보였다. 목사님은 활짝 웃으며 대답하셨다.

"네, 안녕하세요?"

그때부터 나의 설명은 시작되었다.

"목사님, 저는 최관하라고 합니다. 영훈 고등학교 교사이고, 목사이기도 합니다. 저는 목사님과 특별한 인연이 있습니다. 35년 전에 미아리 쪽에 교회를 세우시고, 야학을 하신 적이 있으시죠?"

목사님의 음성이 상기되는 듯했다.

"네, 그렇죠."

"제가 그 야학 교사 중 한 사람이었습니다."

그때였다. 안 목사님께서 내 팔을 꽉 붙잡으셨다.

"아유, 그러시군요. 정말 고맙고 감사합니다. 그때가 아주 옛날인데요."

그때부터 다소 긴 대화가 이어졌다. 옆에 있던 코스타 강사들도 함께 이 대화를 듣고 있었다. 안 목사님 곁에서 수행하시는 조 국장께서 이야기를 더욱 거들어 주었다. 목사님과 기념 사진도 찍어 주셨다.

안 목사님은 내 얘기를 들으며 감동 어린 목소리로 계속 "감사합니다"라고 말씀하셨다. 하나님께서 베풀어 주신 은혜, 인도하심, 기도하게 하신 것에 대한 순종, 이 모든 것을 통해서 하나님께서 만들어 가시는 은혜에 더욱 감사해 하셨다.

"목사님, 사실은 제가 참 죄송한 일이 있습니다. 야학 교사를 할 때 목사님과 교인들이 믿음 없는 저를 두고 얼마나 기도하셨을까 생각하니, 참 죄송하네요. 그런데 언젠가 한 번 야학 학생들 여름 수련회에 저도 따라 간 적이 있습니다. 그때 모두가 뜨겁게 기도하는데, 저는 거부감이 들어 믿지 않는 야학 선생님과 술을 사다가 수련회장 옆 숲속에서 술을 마시셨거든요. 참 부끄럽습니다."

안 목사님은 내 이야기를 듣고 호탕하게 웃으셨다. 그리고 이렇게 말씀하셨다.

"그러니까 더욱 하나님께 감사합니다. 그런 분을 이렇게 훌륭한 선생님, 목사님이 되게 하셨으니까요. 게다가 하나님께서 인도하셔서 이렇게 35년 만에 코스타에서 만나게 하시니 얼마나 기쁜지 모릅니다."

## 이렇게 살다 가고 싶어요

둘째 날 저녁 설교는 안 목사님의 시간이었다. 나와 코스타 강사들은 함께 안 목사님을 붙잡고 기도했다. 어린 청소년들에게 복음의 메시지가 잘 전달되기를 기도했다. 목사님의 팔을 붙잡고 기도하는 나는 형언할 수 없는 감동과 기쁨에 사로잡혔다.

35년 전의 만남, 그리고 35년의 세월 동안 하나님의 때에 하나님의 방법으로 인도하시고, 과거의 모든 것을 간증으로 바꾸어 버리시는 참으로 놀라우신 하나님, 하나님의 때에 기어이 택한 백성을 하나님의 사람으로 변화시키는 놀라운 복음의 영향력. 그 혜택을 받은 사람이 바로 '나'라는 사실이 무척 감격스러웠다.

하나님께서는 안요한 목사님을 사용하셔서 45명의 어린 청소년들에게 복음이 들어가도록 인도하고 계셨다. 약할 때 강함 되시는 하나님, 부족한 자를 들어 아름답게 사용하시는 하나님을 체험하는 시간이었다. 모든 일정을 마쳤을 때 안요한 목사님의 사모님도 뵐 수 있었다.

"아유, 선생님. 얘기 다 들었어요. 참 감사하네요."

"사모님, 제가 정말 감사합니다. 제가 그때 야학 교사였을 때 사모님께서 얼마나 많이 기도하셨겠어요."

안 목사님은 집회장을 떠나시며 차에 오르기 전에 내 손을 꼭 잡고 말씀하셨다.

"최 선생님, 나는 하늘나라 갈 때까지 이렇게 살고 싶어요. 복음 증거 하다가 가고 싶어요. 선생님, 제가 필요할 땐 아무것도 신경 쓰지 말고 연락 주세요."

나는 이 말이 끝나자마자 목사님을 한껏 안았다. 그리고 이렇게 말했다.

"네, 목사님. 잘 알겠습니다. 하나님께서 그렇게 사용하실 거예요. 더욱 강건하세요."

# 45. 교사에서 교목, 그리고 다시 교사로

그러므로 우리가 그리스도를 대신하여 사신이 되어
하나님이 우리를 통하여 너희를 권면하시는 것 같이
그리스도를 대신하여 간청하노니 너희는 하나님과 화목하라.
(고린도후서 5장 20절)

2000년 새해를 시작하며, 나는 국어를 가르치는 가운데 기독교사로의 정체성으로 변화를 받아 새롭게 살아가기 시작했다.

하나님께서 1997년 내가 담임을 맡은 학급에 보내 주신 루게릭 병 학생과 옆 반의 동일한 병을 가진 또 한 학생을 위해 기도하게 하시며, 양다리 신앙인이었던 나를 만나 주시고, 3년 동안 훈련시켜 주시고, 2000년부터 완전히 하나님께 붙잡힌 바 된 삶을 살아가게 하셨다. 기도 가운데 하나님께서는 기적의 은혜를 베풀어 주셔서 루게릭 병 제자 2명을 회복시켜 주셨고, 그들과 그 가정까지 만나 주셨다. 그리고 나를 확실히 붙잡아 주셨다.

당시 영훈고는 비기독교 학교였고 영적으로 어려움이 많은 현장이었지만, 신실하게 기도하는 학생들과 동문들, 교사와 학부모들, 그리고 동역자들이 중심이 되어 '영훈 선교회'가 발족되었다. 그것을 통해 많은 사역을 감당해 왔다. 즉, 학교 안의 예배뿐만 아니라 성경 공부, 기도 모임, 학부모 기도회, 교사 기도회, 학교 안 전교생 순결 서약 예배, 아버지 학교, 코스타 집회, 부모 자녀 소통 캠프, 수련회 등의 기독 활동과 신임 교사 환영 예배, 학교 앞 센터 사역, 장학금 조성 등도 하나님이 모두 이루어 가셨다.

학교를 복음화시켜 달라는 15년의 기도 끝에, 하나님께서는 2015년 12월, 영훈고뿐만 아니라 영훈초, 국제중까지 통째로 기독교 학교로 변화시켜 주셨다.

오륜교회가 재단 교회가 되었고, 오륜교회 장로님이 이사장으로 학교에 파송되었다. 나는 그 당시 국어 교사 자격증을 가지고 있었지만, 교사를 하면서 신학대학원 목회학과를 졸업하였고, 또 학교 사역, 청소년 사역, 교회 중고청년 사역을 하던 중이었다. 학교와 재단의 뜻에 의해 나는 자연스럽게, 아니 하나님의 뜻 가운데 교목이 되었다.

## 퇴직은 교사로 하고 싶습니다

어느 날 이사장님과 학교 앞 카페에서 이야기를 나눈 적이 있다.

"지금은 기독교 학교로 바뀐 과도기여서 제가 교목을 하지만 나중에 퇴직할 때는 목사의 신분이 아니라 교사로 하고 싶습니다."

이 말은 진심이었고, 나는 그 교목으로 섬기는 기간이 3년에서 5년 정도될 것이라 생각하고 있었다. 그리고 2017년부터 교목으로 정식 부름받아, 2018년도까지 방과 후 채플을 진행하며, 최선을 다했다. 그리고 2019년 창체5라는 이름으로 수업에 채플이 들어가며, 자율적 채플이었지만 거의 모든 학생이 채플을 좋아해서 몰려드는 놀라운 상황을 하나님께서 허락하셨다. 2020년과 2021년 코로나로 인해 어려움이 많았지만, 하나님께서는 채플의 정착과 다양한 기독 활동, 건학 이념 구현 활동을 잘 수행하도록 인도해 주셨다.

그렇게 2021년 12월까지 5년 동안 교목으로 살아왔다. 교목으로 지내며, 교목이 아니면 경험할 수 없을 만한 것들을 경험하고, 일선 학교의 교목들이 얼마나 애쓰고 수고하는지, 또한 고민은 무엇인지 알게 되었다.

'영훈고가 교회처럼 변화되어 간다'는 것에 학교 선교를 잘 모르는 교사들 중심으로 비판과 불만은 그동안 항시 계속되어 왔다. 그래도 믿음으로 이겨 내며 최선을 다해 그들을 섬기고자 했다. 그리고 기독교 학교 출범 이후 두 번째 이사장님께서 2021년에 부임하시며, 여러 교사의 의견을 수렴했다. 그리고 다양한 일을 경험하며, 나는 2022년부터 다시 국어 교사로, 상담 교사로 다시 돌아가게 되었다. 또한 교목실은 기독교 교육을 전공한 교목들로 구성되었다.

사람이 계획하고 일을 진행하는 것 같지만, 사실은 모든 것이 하나님의 뜻 가운데 진행된다는 것을 나는 믿는다. 전 이사장님께 3년에서 5년의 교목 사역을 감당하겠노라고 말씀드린 것은 하나님 앞에 기도가 되었고, 또한 그 사역을 감당하게 하신 하나님의 시간표에 의해 다시 교사로 돌아가게 된 것이다. 모든 것이 하나님의 섭리요, 뜻이라 믿는다.

### 하나님의 인도하심을 구하며

정년까지 5년을 남기고 향후 나의 거취에 대해 기도하게 하신 하나님, 그리고 1년 후에 이런 변화를 주신 하나님, 그 하나님께서는 앞으로의 나의 남은 삶에 어떠한 뜻을 가지고 계실까?

나는 그동안 어떤 보직이나 직위보다 중요한 것은 영혼 구원의 사명이라고 생각하며 여기까지 왔다. 이것은 하나님께서 주신 마음이라 믿는다. 남은 내 삶의 시간도 하나님께서 주신 영혼 구원의 사명을 다하리라 결심한다. 그것이 하나님께서 가장 기뻐하시는 삶이라고 믿기 때문이다. 세상에서의 직업이나 상황은 바뀔 수 있지만, 하나님께서 부여하신 영혼 구원의 복음 사명은 하나님 앞에 갈 때까지 변치 않는 본업일 것이다. 기도 가운데 가장 원하시는 길로 인도하시는 하나님께 찬양을 올려드린다.

# 46. 나는 기독교사입니다

그러므로 너희는 가서 모든 민족을 제자로 삼아
아버지와 아들과 성령의 이름으로 세례를 베풀고
내가 너희에게 분부한 모든 것을 가르쳐 지키게 하라
볼지어다 내가 세상 끝날까지 너희와 항상 함께 있으리라 하시니라.
(마태복음 28장 19-20절)

코로나로 몸살을 앓던 지난 3년, 지금은 그 어느 때보다 하나님 앞에 기도하며 나아가야 할 때인 것은 분명하다. "쉬지 말고 기도하라"는 하나님의 마음을 알고 더욱 그 음성에 순종해야 할 때다. 하지만 코로나로 인해 닫힌 마음들이 영적으로도 무뎌 가는 현실을 보게 된다. 더욱이 교육 현장에 있는 기독교 신앙을 가진 교사들도 예외는 아닌 것 같다. 대면과 비대면의 교회 예배, 소그룹과 나눔의 진행이 어려운 상황, 영적 공급의 통로가 예전보다 막혀 있는 현실 등도 이유가 될 것이다.

학교 현장에서는 원격 수업으로 인해 수시로 열리는 회의, 과별 회의와 부별 회의, 개별 수업 준비와 아이들과의 소통에 대한 고민, 학급 관리, 재택근무 등 더욱 바빴다. 하지만 기도의 자리를 찾기 어려운 이유를 생각해 보면, 가장 큰 원인은 하나님에 대한 열정의 사그라짐이다. 신앙이 없다든가 교회만 나가는 교사라서 현장에서의 빛과 소금의 의미를 모른다면 그나마 이해는 된다. 그러나 코로나 이전에 예배 자리를 사모하고, 기도 자리를 찾던 이른바 믿음 있는 교사들도, 금년에는 학교 현장의 기도 자리에서 볼 기회가 많이 줄었다는 것이 참 안타까운 일이다.

### 현장에서 기도하는 교사

하나님께서는 "너는 말씀을 전파하라 때를 얻든지 못 얻든지 항상 힘쓰라"(딤후 4:2)고 말씀하셨다. 또한 어려운 상황일수록 "부르짖으라 내가 응답하겠고 네가 알지 못하는 크고 은밀한 일을 네게 보이리라"(렘 33:3)고 하시며 기도하라고 하셨다. 그래서 이같이 어려운 상황일수록 기독교사라면 더욱 현장에서 기도하며 최선의 열정을 다하고, 하나님의 인도하심을 구해야 함이 옳다.

기독교사는 단순히 교회에 출석하는 교사를 말함이 아니다. 교회에 출석하는 교사가 기독교사에 포함되기는 하지만 교회에 출석하는 교사가 모두 기독교사는 아니라는 말이다. 이 말은 교회에 나가는 신앙인이 학교 현장에서 교사가 되었을 때, 기독교사로 살아가고 있지 않다는 말이기도 하다.

예수님께서는 "너희는 세상의 빛이요 세상의 소금이라"(마 5:13)고 말씀하셨다. 믿음의 진가는 교회가 아니라 세상에서 드러나게 된다. 그래서 세상 속에서 기도하며 믿음의 섬김을 다해야 한다. 하지만 기도가 우선인 삶을 살고 있는 기독교사가 예전보다 교육 현장에 많지 않고 점점 줄고 있어서 매우 안타깝다.

예수님께서는 부활 후 승천하시기 전에 제자들에게 모든 민족을 제자 삼아 복음을 전하라는 지상 명령(至上命令)을 내리셨다. 기독교사의 정체성을 가지고 사명을 깨달아 알면, 교육 현장이 단순히 세상의 지식과 사는 법만을 가르치는 현장이 아님을 알게 된다. 그렇게 되면 자신의 행동 양식이 바뀌게 된다.

일반적인 교사는 제자들을 상담하고 격려하는 것에 그칠 수 있지만, 기독교사는 그들의 삶과 영혼을 위해 기도할 수 있어야 한다. 백 번의 격려보다 한 번의 기도가 더 능력이 있음을 믿는 것이 기독교사의 모습이다.

훗날 제자는 자신을 위해 기도하던 선생님의 모습이나 기도의 내용은 잊어도 기도하던 선생님이 계셨다는 사실과 그때의 분위기는 잊지 못할 것이다. 교사의 그 진실한 한 번의 기도가 제자의 인생을 변화시킬 수 있다. 기도는 자신의 생각을 하나님께 위임시켜드리는 겸손한 믿음의 행위다. 기독교사는 이 사실을 알고 상황과 관계없이 행해야 한다.

교육 현장은 '황금 어장'이다. 영혼을 구원하기 좋은 장소다. 교육 현장의 여건과 상황은 바뀔 수 있지만, 이 본질은 변함이 없다. 사람은 달라질 수 있지만 이 사실은 달라질 수 없다. 학교 현장은 교육 현장이며, 선교 현장이라는 사실 말이다.

## 하나님의 남겨진 사람들

미션스쿨, 기독교 학교라 하더라도 현재의 교육 현장에서 복음을 전한다는 사실은 제도상, 학교 현장상, 정서상 쉽지 않은 것이 사실이다. 하지만 어떤 공동체에서도 기독교 역사상 복음을 전하기 쉬웠던 때는 없었다.

중요한 것은 상황의 쉽고 어려운 것을 판단하여 우리의 행동을 결정짓는 것이 아니라 언제나 내가 있는 곳에서 일하시는 하나님을 생각하며, 어떻게 행해야 하는가를 기도하며 지혜를 구하고, 주신 마음으로 행동을 결정짓는 것이 중요하다는 것이다.

특히 코로나가 지속되는 해에 나타나는 두드러진 현상은 교사라는 직업이 단순 직업화 되어가는 것이었다. 교회는 다녀도 학교에서는 일반 교사들과 다를 바가 없는 교사, 개인적으로 기도하지 않고 기도의 자리를 소홀히 여기며 예배 자리를 사모하지 않는 교사, 심지어 학교에서까지 굳이 예배를 드려야 하는가를 말하며 비아냥거리는 교사 등등. 하지만 이처럼 기도하지 않는 교사들로 인해 하나님의 복음의 역사가 멈추지는 않는다. 왜냐하면 하나님은 기도하는 누군가를 기다리고 찾아내시며, 결국 하나님의 마음을 품게 하시며, 기도하게 하시기 때문이다. 하나님은 항상 하나님의 남겨진 사람들, '그루터기'(사 6:13)를 그 공동체에 남겨 놓으신다. 그 주인공이 나 자신이 되기를 기도해야 한다.

## 예수 그리스도만이 소망

기독교사는 '하나님의 부르심에 사명을 가지고 살아가는 교사'다. 세상의 사명이 아닌, 하나님께서 왜 나를 이 학교에 보내셨을까 의문을 가지고 그 해답을 찾고, 영혼 구원을 위해 애쓰는 교사를 말한다.

물론 자신이 맡은 과목과 학급 운영, 업무에 최선을 다해야 하는 것은 당연히 중요하다. 하지만 이러한 것에 머무르는 일반 교사들과는 달리 영혼 구원의 사명까지 감당해야 하기에 기독교사들은 분주한 삶을 살 수밖에 없다. 자기 관리도 잘해야 한다. 예수님처럼 기도로 시작하고, 기도로 삶을 살아가야 하며, 기도로 마침표를 찍어야 한다.

내가 몸담고 있는 학교도 기독교 학교인지라 이런 사명을 가진 교사들을 소망하는 것이 사실이다. 하지만 아무리 교회에 다닌다 하더라도, '교육하며 선교하고, 선교하며 교육하는 기독교사로서의 정체성을 가지고 있는가가 더욱 중요하다. 그리고 정교사든 기간제교사든 시간 강사든 어떤 위치에 있더라도 기독교사라면 사명감을 가져야 한다.

기독교사가 귀한 시대다. 위에 언급한 현재의 상황을 보며 소망이 없다고는 말하지 않겠다. 왜냐하면 예수 그리스도만이 소망이기 때문이다. 예수 그리스도께 소망을 품고 기도하며 준비하는 기독교사들을 하나님께서 분명히 남겨 놓으셨을 것이기 때문이다.

또한 현재 선데이크리스천 교사, 아직 사명을 깨닫지 못한 교사라 할지라도, 그들을 만져 가실 예수 그리스도로 인하여 소망을 잃지 않는다. 계속 중보하며 그분들을 위해 기도할 때, 하나님의 시간표에 맞게 그분들 또한 기독교사로 세워 사용해 주실 것이 틀림없기 때문이다. 바로 나를 30대 후반에 만나 주시며, 세상의 교사에서 기독교사로 바꾸어 주신 그 하나님이 그들의 동일하신 하나님이시기 때문이다.

이 시대에 남겨진 그루터기 사명자들과 특히 교육 현장에서 기도하는 기독교사들을 하나님께서 부르시고, 사용하시고, 영광 받으실 줄 믿는다. 여호와 닛시. 하나님께 모든 영광을 올려드린다. 할렐루야. 아멘!

# 나는 기독교사입니다

**초판 1쇄 인쇄** | 2023년 7월 3일
**초판 1쇄 발행** | 2023년 7월 4일

**지은이** | 최관하
**펴낸이** | 박대용
**펴낸곳** | 도서출판 징검다리
**등록** | 1998. 4. 3. No.10-1574
**주소** | 경기도 파주시 산남로 85-8
**전화** | 031)957-3890~1    **팩스** | 031)957-3889
**이메일** | zinggum0215@daum.net

**편집** | 김세나
**디자인** | 오브디자인 ovdesign.kr

**ISBN** | 978-89-6146-175-7 (03230)